Guttentag'sche Sammlung
Nr. 14. Deutscher Reichsgesetze. Nr. 14.
Text-Ausgaben mit Anmerkungen.

Gerichtsverfassungsgesetz

mit

Einführungsgesetz

und

Nebengesetzen.

Text-Ausgabe mit Anmerkungen und Sachregister

von

R. Sydow.

Fünfte, vermehrte Auflage.

Berlin
J. Guttentag, Verlagsbuchhandlung.
1891.

Abkürzungen.

Begr.	bedeutet	Begründung des Entwurfs eines Gerichtsverfassungsgesetzes und des Einführungsgesetzes (Drucksachen d. Deutschen Reichstages: II. Legislatur-Periode, II. Session 1874 Nr. 4), bezw. Begründung des Entwurfs einer Civilprozeßordnung und des Einführungsgesetzes (Drucksachen d. Deutschen Reichstages: II. Legislatur-Periode, II. Session 1874 Nr. 6).
C.P.O.	„	Civilprozeßordnung.
E.G.	„	Einführungsgesetz.
G.K.G.	„	Gerichtskostengesetz.
G.O. f. G.V.	„	Gebührenordnung für Gerichtsvollzieher
G.O. f. R.A.	„	Gebührenordnung für Rechtsanwälte.
G.O. f. Z. u. S.	„	Gebührenordnung für Zeugen und Sachverständige.
G.V.G.	„	Gerichtsverfassungsgesetz.
H.G.B.	„	Allgemeines Deutsches Handelsgesetzbuch.
J.M.Bl.	„	Justiz-Ministerial-Blatt.
K.O.	„	Konkursordnung.
Pr.	„	Protokolle der Justiz-Kommission des Deutschen Reichstages, betreffend die Berathung des Gerichtsverfassungsgesetzes und des Einführungsgesetzes, bezw. der Civilprozeßordnung und des Einführungsgesetzes.
R.A.O.	„	Rechtsanwaltsordnung.
R.G.	„	Entscheidungen des Reichsgerichts in Civilsachen. Herausgegeben von den Mitgliedern des Gerichtshofes. Bd. I—XVIII.
R.G.	„	Entscheidungen des Reichsgerichts in Strafsachen. Herausgegeben von den Mitgliedern des Gerichtshofes. Bd. I—XVI.
R.G.B.	„	Reichsgesetzblatt.
St.G.B	„	Strafgesetzbuch für das Deutsche Reich.
St.P.O.	„	Strafprozeßordnung.
W.O.	„	Allgemeine Deutsche Wechselordnung.

Inhalt.

I.

Einführungsgesetz
zum
Gerichtsverfassungsgesetze.

Vom 27. Januar 1877.
(R.G.B. von 1877, Nr. 4, S. 77—80.)
In Kraft getreten am 1. Oktober 1879.

---

1. Das Gerichtsverfassungsgesetz tritt im ganzen Umfange des Reichs an einem durch Kaiserliche Verordnung mit Zustimmung des Bundesraths festzusetzenden Tage, spätestens am 1. Oktober 1879, gleichzeitig mit der im §. 2 des Einführungsgesetzes der Civilprozeßordnung vorgesehenen Gebührenordnung[1] in Kraft.

[1] Gerichtskostengesetz v. 18./6. 78 (R.G.B. 141), Gebührenordnung für Gerichtsvollzieher v. 24./6. 78 (R.G.B. 166), — dazu Gesetz, betr. die Abänderung von Bestimmungen des Gerichtskostengesetzes und der Gebührenordnung für Gerichtsvollzieher v. 29./6. 81 (R.G.B. 178), — Gebührenordnung für Zeugen und Sachverständige v. 30./6. 78 (R.G.B. 173), dazu R.Ges. v. 11./6. 90 (R.G.B. 73) Gebührenordnung für Rechtsanwälte v. 7./7. 79 (R.G.B. 176).

2. Die Vorschriften des Gerichtsverfassungsgesetzes finden nur auf die ordentliche streitige Gerichtsbarkeit[1] und deren Ausübung Anwendung.

[1] D. i. die Gerichtsbarkeit, welche die ordentlichen Gerichte in den ihnen zugewiesenen Sachen ausüben. §§ 12, 13 G.V.G.

3. Die Gerichtsbarkeit in bürgerlichen Rechtsstreitigkeiten und Strafsachen, für welche besondere Gerichte zugelassen sind,[1] kann den ordentlichen Landesgerichten durch die Landesgesetzgebung[2] übertragen werden.[3] Die Uebertragung darf nach anderen als den durch das Gerichtsverfassungsgesetz vorgeschriebenen Zuständigkeitsnormen erfolgen.

Auch kann die Gerichtsbarkeit letzter Instanz in den vorerwähnten Sachen auf Antrag des betreffenden Bundesstaates mit Zustimmung des Bundesraths durch Kaiserliche Verordnung dem Reichsgerichte übertragen werden.[4]

Insoweit für bürgerliche Rechtsstreitigkeiten ein von den Vorschriften der Civilprozeßordnung abweichendes Verfahren gestattet ist,[5] kann die Zuständigkeit der ordentlichen Landesgerichte durch die Landesgesetzgebung[6] nach anderen als den durch das Gerichtsverfassungsgesetz vorgeschriebenen Normen bestimmt werden.

[1] Anm. 5 zu § 13 und § 14 G.V.G.

[2] Preußen: Rheinschiff.- und Elbzollgerichte: § 1 Ges. v. 8./3. 79 (Ges. Samml. 129) und § 1 Ges. v. 9./3. 79 (Ges. Samml. 132); linksrheinische Gemeinheitstheilungs- und Ablösungssachen: §§ 41, 49 Ges. v. 24./4. 78 (Ges. Samml. 230) und §§ 26 ff., 66, 67 Ges. v. 19./5. 51 (Ges. Samml. 390) und Anm. 3 zu § 5. — Bayern: Rheinschiff.-Gerichte: Art. 9 Ges. v. 23./2 79 (Ges. u. Ver.Bl. 273), Verordn. v. 18./6. 79 (Ges. u. Ver.Bl. 661). — Sachsen: Elbzollgerichte: Verordn. v. 8./9. 79 (Ges. u. Ver.Bl. 331); Gemeinheitstheilungs- und Ablösungssachen: § 8 Ges. v. 1./3. 79 (Ges. u. Ver.Bl. 59), §§ 1, 10 Ges. v. 5./3. 79 (Ges. u.

Ver.Bl. 73). — Baden: Rheinſchiff.-Gerichte: Verord. v. 24./6. 79 (G. u. Ver.Bl. 313).

3 Den ordentlichen Gerichten kann für dieſe Sachen ein von der C.P.O. und St.P.O. abweichendes Verfahren vorgeſchrieben werden. § 3 Abſ. 2 E.G. zur C.P.O.; § 3 Abſ. 2 E.G. zur St.P.O.

4 Preußen, Heſſen, Sachſen-Weimar, Sachſen-Meiningen, Anhalt, Schwarzburg-Sondershauſen, Schwarzburg-Rudolſtadt, Waldeck und Pyrmont, Schaumburg-Lippe: Verordnungen v. 26./9. 79 (R.G.B. 287 ff.).

5 §§ 11, 15 Nr. 2, 3, § 16 Nr. 4—6 E.G. zur C.P.O.

6 Sowohl bei als nach Einführung des G.V.G. R.G. VII, 399.

4. Durch die Vorſchriften des Gerichtsverfaſſungsgeſetzes über die Zuſtändigkeit der Behörden wird die Landesgeſetzgebung nicht gehindert, den betreffenden Landesbehörden jede andere Art der Gerichtsbarkeit,[1] ſowie Geſchäfte der Juſtizverwaltung zu übertragen.[2] Andere Gegenſtände der Verwaltung dürfen den ordentlichen Gerichten[3] nicht übertragen werden.

1 Auch Verwaltungsgerichtsbarkeit. Pr. 436, 437.

2 Vgl. Bem. vor § 12 G.V.G.

3 Als ſolchen; die Uebertragung an Mitglieder der Gerichte iſt nicht ausgeſchloſſen. Begr. 210.

5.[1] In Anſehung der Landesherren und der Mitglieder der landesherrlichen Familien, ſowie der Mitglieder der Fürſtlichen Familie Hohenzollern[2] finden die Beſtimmungen des Gerichtsverfaſſungsgeſetzes nur inſoweit Anwendung, als nicht beſondere Vorſchriften der Hausverfaſſungen oder der Landesgeſetze[3] abweichende Beſtimmungen enthalten.[4]

1 § 72 R.Geſ. v. 6./2. 75 (R.G.B. 23). § 2 R.Geſ. v. 17./2. 75 (R.G.B. 71).

[2] § 1 Preuß. Geſ. v. 12./3. 50 und Vertrag v. 7./12. 49 (Preuß. Geſ. Samml. v. 1850 S. 289).

[3] Rechtsnormen jeder Art. § 12 E.G. z. C.P.O. Vgl. auch R.G. XII, 428. — Preußen: § 18 Geſ. v. 24./4. 78 (Geſ. Samml. 230) und Art. III. Geſ. v. 26./4. 51 (Geſ. Samml. 181). Auch Anm. 4 zu § 3. — Bayern: Art. 1 Geſ. v. 23./2. 79 (Geſ. u. Ver.Bl. 63. — Sachſen: Geſ. v. 20./8. 79 (Geſ. u. Ver.=Bl. 323). — Württemberg: Art. 1, 2 Geſ. v. 18./8. 79 (Reg.Bl. 173). Art. 1, 2 Geſ. v. 4./3. 79 (Reg.Bl. 50).

[4] Dieſe beſonderen Vorſchriften der Hausverfaſſungen und Landesgeſetze bleiben beſchränkt auf die Geltung vor den Gerichten des eigenen Landes. Begr. z. G.V.G. 211.

6. Unberührt bleiben die beſtehenden landesgeſetzlichen Vorſchriften über die Zuſtändigkeit der Schwurgerichte für die durch die Preſſe begangenen ſtrafbaren Handlungen.[1]

[1] Bayern: Art. 35 Geſ. v. 23./2. 79 (Geſ. u. Ver.Bl. 273). — Württemberg: Art. 12 Geſ. v. 24./1. 79 (Reg.Bl. 3). R.G. XVIII, 293. — Baden: § 6 Geſ. v. 3./3. 79 (Geſ. u. Ver.Bl. 91). — Oldenburg: Art. 29 Geſ. v. 10./4. 79 (Geſ.Bl. 330).

7. Die Militärgerichtsbarkeit,[1] ſowie das landesgeſetzlich den Standesherren gewährte Recht auf Austräge werden durch das Gerichtsverfaſſungsgeſetz nicht berührt.

[1] Beſchränkt auf Strafſachen: § 39 R.Milit.Geſ. v. 2./5. 74 (R.G.B. 45).

8. Durch die Geſetzgebung eines Bundesſtaates, in welchem mehrere Oberlandesgerichte errichtet werden, kann die Verhandlung und Entſcheidung der zur Zuſtändigkeit des Reichsgerichts gehörenden Reviſionen und Beſchwerden in bürgerlichen Rechtsſtreitigkeiten einem oberſten Landesgerichte[1] zugewieſen werden.[2]

Dieſe Vorſchrift findet jedoch auf bürgerliche Rechts=

streitigkeiten, welche zur Zuständigkeit des Reichs-Oberhandelsgerichts gehören[3] oder durch besondere Reichsgesetze dem Reichsgerichte zugewiesen werden, keine Anwendung.

[1] Die obersten Landesgerichte gehören zu den ordentlichen Gerichten. § 10. Pr. zur C.P.O. 4.

[2] Vgl. § 1 R.Ges. v. 11./4. 77 (R.G.B. 415) unten zu § 125 G.V.G. — Bayern: Art. 42 Ges. v. 23./2. 79 (Ges. u. Ver.Bl. 273). § 1 Verordn. v. 2./4. 79 (Ges. u. Ver.Bl. 356).

[3] Zuständigkeit des Reichs-Oberhandelsgerichts als Rechtsmittelinstanz in den vor die ordentlichen Gerichte gehörigen bürgerlichen Rechtsstreitigkeiten: Handelssachen: §§ 12—15 B.Ges. v. 12./6. 69 (B.G.B. 201); Flößereiabgaben: § 2 B.Ges. v. 1./6. 70 (B.G.B. 312); Urheberrecht an Schriftwerken: § 32 B.Ges. v. 11./6. 70 (B.G.B. 339); Haftpflicht: § 10 R.Ges. v. 7./6. 71 (R.G.B. 207); Ansprüche der Reichsbeamten: §§ 152 Abs. 2, 153, 154 Abs. 2 R.Ges. v. 31./3. 73 (R.G.B. 61); Bergungsansprüche: § 44 Strandungs-Ord. v. 17./5. 74 (R.G.B. 73); Markenschutz: § 19 R.G. v. 30./11. 74 (R.G.B. 143); Entziehung der Befugniß zur Banknotenausgabe: § 50 Bankges. v. 14./3. 75 (R.G.B. 177); Urheberrecht an Werken der bildenden Künste: § 16 R.Ges. v. 9./1. 76 (R.G.B. 4); Schutz der Photographien: § 9 R.Ges. v. 10./1. 76 (R.G.B. 8); Urheberrecht an Mustern und Modellen: §§ 14, 15 R.Ges. v. 11./1. 76 (R.G.B. 11); Patentschutz: § 37 R.Ges. v. 25./5. 77 (R.G.B. 501). Vgl. ferner: Reichsstempelabgaben: § 22a R.Ges. v. 29./5. 85 (R.G.B. 176); Genossenschaftsrecht: § 146 R.Ges. v. 1./5. 89 (R.G.B. 89).

9. Durch die Gesetzgebung eines Bundesstaates, in welchem mehrere Oberlandesgerichte errichtet werden, kann die Verhandlung und Entscheidung der zur Zuständigkeit der Oberlandesgerichte gehörenden Revisionen und Beschwerden in Strafsachen[1] ausschließlich einem der mehreren Oberlandesgerichte zugewiesen werden.[2]

[1] §§ 123 Nr. 2, 3, 5 G.V.G.

[2] Preußen: § 50 Ges. v. 24./4. 78 (Ges.Samml. 230). — Bayern: Art. 41 Ges. v. 23./2. 79 (Ges. u. Ver.Bl. 273).

10. Die allgemeinen, sowie die in den §§. 126, 132, 133, 134, 137, 139, 140, 183 Abs. 1 enthaltenen besonderen Vorschriften des Gerichtsverfassungsgesetzes finden auf die obersten Landesgerichte als Behörden der ordentlichen streitigen Gerichtsbarkeit entsprechende Anwendung.[1]

[1] Bayern: Art. 43—49 Ges. v. 23./2. 79 (Ges. u. Ver.Bl. 273).

11. Die landesgesetzlichen Bestimmungen, durch welche die strafrechtliche oder civilrechtliche Verfolgung öffentlicher Beamten wegen der in Ausübung oder in Veranlassung der Ausübung ihres Amts vorgenommenen Handlungen an besondere Voraussetzungen gebunden ist, treten außer Kraft.[1]

Unberührt bleiben die landesgesetzlichen Vorschriften, durch welche die Verfolgung der Beamten entweder im Falle des Verlangens einer vorgesetzten Behörde oder unbedingt an die Vorentscheidung einer besonderen Behörde gebunden ist, mit der Maßgabe:

1. daß die Vorentscheidung auf die Feststellung beschränkt ist, ob der Beamte sich einer Ueberschreitung seiner Amtsbefugnisse oder der Unterlassung einer ihm obliegenden Amtshandlung schuldig gemacht habe;
2. daß in den Bundesstaaten, in welchen ein oberster Verwaltungsgerichtshof besteht, die Vorentscheidung diesem, in den anderen Bundesstaaten dem Reichsgerichte zusteht.[2 3]

Vergl. auch § 70 G.V.G. — Die Vorschriften, welche den

Schutz der Beamten gegen eine sonst zulässige gerichtliche Inanspruchnahme zum besonderen Zweck und Inhalt haben, sind aufgehoben. R.G. XX, 299. — Im übrigen bleiben die landesgesetzlichen Vorschriften über die Abgrenzung der Zuständigkeit zwischen Gerichten und Verwaltungsbehörden, sowie über die materiell-rechtlichen Voraussetzungen klagbarer Ansprüche gegen Beamte unberührt. Vgl. Anm. 1 zu § 13 G.V.G. und R.G. XVIII, 125.

[2] Preußen: § 1 Ges. v. 13./2. 54 (Ges. Samml. 86), § 114 Ges. v. 30./7. 83 (Ges. Samml. 222), vgl. auch J.M.Bl. v. 1888 S. 6. — Bayern: Art. 7 Abs. 2 Ges. v. 8./8. 78 (Ges. u. Ver.Bl. 369). — Baden: Art. 9, 11 Ges. v. 24./2. 80 (Ges. u. Ver.Bl. 29). — Elsaß-Lothringen: § 11 Ges. v. 4./11. 78 (Ges. Bl. 65).

[3] Soweit das Reichsgericht zuständig ist, entscheidet ein Senat auf Grund des durch die C.P.O. bezw. St.P.O. vorgeschriebenen Verfahrens ohne mündliche Verhandlung. R.G. XVI, 197.

12.[1] Die für Elsaß-Lothringen geltenden Bestimmungen über die Gerichtssprache werden durch die Vorschrift des §. 186 des Gerichtsverfassungsgesetzes nicht berührt.

[1] Aufgehoben durch § 1 R.Ges. v. 12./6. 89 (R.G.B. 95).

13. Die Bestimmungen über das Richteramt im §. 8 des Gerichtsverfassungsgesetzes treten in denjenigen Staaten, in welchen Vorschriften für die richterliche Entscheidung über die Enthebung eines Richters vom Amte oder über die Versetzung eines Richters an eine andere Stelle oder in Ruhestand nicht bestehen, nur gleichzeitig mit der landesgesetzlichen Regelung der Disziplinarverhältnisse der Richter in Wirksamkeit.

Uebergangsbestimmungen.

14. Die am Tage des Inkrafttretens des Gerichtsverfassungsgesetzes bei dem Reichs-Oberhandelsgerichte anhängigen Sachen gehen in der prozessualischen Lage, in welcher sie sich befinden, auf das Reichsgericht über.

15. Durch Kaiserliche Verordnung kann auf Antrag eines Bundesstaates und mit Zustimmung des Bundesraths die Verhandlung und Entscheidung derjenigen Sachen, welche nach den bisherigen Prozeßgesetzen von dem obersten Landesgerichte zu erledigen gewesen wären, dem Reichsgerichte zugewiesen werden.[1]

[1] Verord. v. 26./9. 79 (R.G.B. 287 ff.).

16. Behufs Erledigung der nach Vorschrift des vorstehenden Paragraphen dem Reichsgerichte zugewiesenen Sachen können mit Zustimmung des Bundesraths durch Kaiserliche Verordnung bei dem Reichsgerichte Hülfssenate eingerichtet werden.

Der Reichskanzler bestimmt die Zusammensetzung der Hülfssenate und die Vertheilung der Geschäfte derselben.

Mit der Wahrnehmung der richterlichen Geschäfte in den Hülfssenaten können nur Mitglieder des Reichsgerichts und Mitglieder der früheren obersten Gerichte oder der Oberlandesgerichte beauftragt werden.

Die Anordnung ist für ein nicht zum Reichsgerichte gehörendes Mitglied bis zu dem Zeitpunkte unwiderruflich, in welchem die Wahrnehmung seiner Thätigkeit in dem Hülfssenate nicht mehr erforderlich ist.

17. Auf Antrag eines Bundesstaates und mit Zustimmung des Bundesraths kann durch Kaiserliche Verordnung die Verhandlung und Entscheidung der im §. 17 des Gerichtsverfassungsgesetzes bezeichneten Streitigkeiten dem Reichsgerichte zugewiesen werden.[1]

Für diejenigen Bundesstaaten, in denen die im §. 17

des Gerichtsverfassungsgesetzes bezeichneten Behörden bestehen und nach Maßgabe der Vorschriften im §. 17 Nr. 1—4 einer Veränderung ihrer Einrichtung und des Verfahrens bedürfen, kann die Veränderung, sofern sie nicht bis zum Inkrafttreten dieses Gesetzes landesgesetzlich getroffen ist, durch landesherrliche Verordnung eingeführt werden.[2]

[1] Bremen: Verordn. v. 26./9. 79 (R.G.B. 298).

[2] Preußen: Verordn. v. 1./8. 79 (Ges. Samml. 573).

18. Die am Tage des Inkrafttretens des Gerichtsverfassungsgesetzes bei den Landesgerichten anhängigen Sachen können den ordentlichen Landesgerichten ohne Rücksicht auf die im Gerichtsverfassungsgesetze bestimmten Grenzen der Zuständigkeit durch die Landesgesetzgebung zugewiesen werden.

19. Die Mitglieder des Reichs-Oberhandelsgerichts werden durch Kaiserliche Verfügung mit Beibehaltung ihrer Besoldung entweder bei dem Reichsgerichte angestellt oder in den Ruhestand versetzt.

20. Bei der ersten Einrichtung der Landgerichte, der Oberlandesgerichte und der bei einem Amtsgerichte gebildeten Strafkammern und während der Dauer des ersten Geschäftsjahres[1] erfolgen die Geschäftsvertheilung und die Bestimmung der Mitglieder der Kammern und Senate sowie der regelmäßigen Vertreter der Mitglieder durch die Landesjustizverwaltung.

Bei der ersten Einrichtung des Reichsgerichts und während der Dauer des ersten Geschäftsjahres erfolgen die Geschäftsvertheilung und die Bestimmung der Mitglieder der Senate sowie der regelmäßigen Vertreter derselben durch den Reichskanzler.

[1] Das Geschäftsjahr, dessen Beginn reichsgesetzlich nicht bestimmt ist, fällt in allen Bundesstaaten mit dem Kalenderjahre zusammen.

21. Innerhalb zwei Jahren nach dem Inkrafttreten des Gerichtsverfassungsgesetzes kann die Landesjustizverwaltung bei nothwendiger Einziehung von Richterstellen die unfreiwillige Versetzung eines Richters an ein anderes Gericht von gleicher Ordnung unter Belassung des vollen Gehalts und Erstattung der Umzugskosten verfügen.

22. Die Bestimmungen des §. 2 des Gerichtsverfassungsgesetzes über die Fähigkeit zum Richteramte finden auf diejenigen, welche vor dem Inkrafttreten des Gesetzes die erste Prüfung in einem Bundesstaate zurückgelegt haben, nur insoweit Anwendung, als nicht in dem Bundesstaate abweichende Vorschriften bestehen.

Der für den Vorbereitungsdienst vorgeschriebene Zeitraum kann für die ersten vier Jahre nach dem Inkrafttreten des Gesetzes in den einzelnen Bundesstaaten bis auf zwei Jahre abgekürzt werden.

II.

Gerichtsverfassungsgesetz.

Vom 27. Januar 1877.

(R.G.B. von 1877, Nr. 4, S. 41–76.)

In Kraft getreten am 1. Oktober 1879. § 1 E.G.

Erster Titel.

Richteramt.

Ausführungsbestimmungen: Preußen: §§ 1–11 Ges. v. 24./4. 78 (Ges. Samml. 230); Verordn. v. 16./4. 79 (Ges. Samml. 318). — Bayern: Art. 1–6 Ges. v. 23./2. 79 (Ges. u. Ver.Bl. 273); §§ 1–8 Verord. v. 23./8. 79 (Ges. u. Ver.Bl. 1048); Ges. v. 26./3. 81 (Ges. u. Ver.Bl. 183). — Sachsen: §§ 16–20 Ges. v. 1./3. 79 (Ges. u. Ver.Bl. 59); Verord. v. 30./7. 79 (Ges. u. Ver.Bl. 300); Ges. v. 20./3. 80 (Ges. u. Ver.Bl. 31). — Württemberg: Art. 17, 18 Ges. v. 24./1. 79 (Reg.Bl. 3). — Baden: §§ 8, 11, 12 Ges. v. 3./3. 79 (Ges. u. Ver.Bl. 91); Ges. v. 14./2. 79 (Ges. u. Ver.Bl. 173). — Elsaß-Lothringen: §§ 1–6 Ges. v. 4./11. 78 (Ges.Bl. 65); Verordn. v. 18./2. 80 (Ges.Bl. 7).

1. Die richterliche Gewalt wird durch unabhängige, nur dem Gesetze unterworfene Gerichte ausgeübt.

Befähigung.

2.[1] Die Fähigkeit zum Richteramte wird durch die Ablegung zweier Prüfungen erlangt.

Der ersten Prüfung muß[2] ein dreijähriges Studium der Rechtswissenschaft[3] auf einer Universität vorangehen. Von dem dreijährigen Zeitraume sind mindestens drei Halbjahre dem Studium auf einer deutschen[4] Universität zu widmen.

Zwischen der ersten und zweiten Prüfung muß ein Zeitraum von drei Jahren liegen, welcher im Dienste bei den Gerichten[5] und bei den Rechtsanwälten zu verwenden ist, auch zum Theil bei der Staatsanwaltschaft verwendet werden kann.

In den einzelnen Bundesstaaten kann bestimmt werden, daß der für das Universitätsstudium oder für den Vorbereitungsdienst bezeichnete Zeitraum verlängert wird, oder daß ein Theil des letzteren Zeitraums, jedoch höchstens ein Jahr, im Dienste bei Verwaltungsbehörden zu verwenden ist oder verwendet werden darf.[6]

[1] § 22 E.G.

[2] Imperativ. Begr. zur C.P.O. 22. Prot. zur C.P.O. 427; Dispens ist nicht statthaft.

[3] Ein Studium der Staatswissenschaft darf nicht zur Voraussetzung der ersten Prüfung gemacht werden. Pr. 564—569.

[4] D. h. im Deutschen Reiche belegenen, nicht auch einer auswärtigen, auf der in deutscher Sprache gelehrt wird. Vgl. §§ 661 Nr. 2, 3, § 702 Nr. 5 C.P.O.

[5] Soweit den Gerichten eine andere Thätigkeit als die Ausübung der ordentlichen streitigen Gerichtsbarkeit zugewiesen ist, ist die Beschäftigung mit dieser auf den dreijährigen Zeitraum anzurechnen. Pr. 77, 80.

[6] Preußen: §§ 2—11, 14 Ges. v. 6./5. 69 (G.S. 656). § 1 Ges. v. 24./4. 78 (Ges. Samml. 230). Verf. v. 3./11. 90 (J.M.Bl. 277); §§ 12 ff. Regulativ v. 1./5. 83 (J.M.Bl. 181); Verf. v. 12./3. 88 (J.M.Bl. 64). — Bayern: § 4 Verordn. v

25./4. 80 (Ges. u. Ver.Bl. 262). Bekanntm. v. 19./5. 80 (J.M.Bl. 158 u. 181). — Sachsen: §§ 3, 4 Verordn. v. 17./9. 79 (Ges. u. Ver.Bl. 370). Verordn. v. 11./10. 89 (Ges. u. Ver.Bl. 93). — Baden: Art. 1 Verord. v. 10./7. 80 (Ges. u. Ver.Bl. 285); Bekanntm. v. 3./8. 80 (Ges. u. Ver.Bl. 291 u. 296); Verordn. v. 11./8. 83 (Ges. u. Ver.Bl. 180); Bekanntm. v. 17./6. 89 (Ges. u. Ver.Bl. 106). — Elsaß-Lothringen: Regulativ v. 27./1. 82 (Ges.Bl. 2); Verordn. v. 19./1. 88 (Ges.Bl. 3).

3. Wer in einem Bundesstaate die erste Prüfung bestanden hat, kann in jedem anderen Bundesstaate zur Vorbereitung für den Justizdienst und zur zweiten Prüfung zugelassen werden.[1]

Die in einem Bundesstaate auf die Vorbereitung verwendete Zeit kann in jedem anderen Bundesstaate angerechnet werden.

[1] Von der Landesjustizverwaltung. Pr. 82—84.

4. Zum Richteramte befähigt ist ferner jeder ordentliche öffentliche Lehrer des Rechts an einer deutschen[1] Universität.

[1] Anm. 4 zu § 2.

5. Wer in einem Bundesstaate die Fähigkeit zum Richteramte erlangt hat, ist, soweit dieses Gesetz keine Ausnahme bestimmt,[1] zu jedem Richteramte innerhalb des Deutschen Reichs befähigt.[2]

[1] § 127 Abs. 2.

[2] Alle übrigen landesgesetzlichen Schranken sind beseitigt. Pr. 88—89.

Amt.

6. Die Ernennung der Richter erfolgt auf Lebenszeit.

7. Die Richter beziehen in ihrer richterlichen Eigenschaft ein festes Gehalt mit Ausschluß von Gebühren.[1]

[1] Gebühren sind Vergütung für Mühewaltung, nicht für baare Auslagen (Diäten, Reisekosten u. dgl.). Pr. 90.

8.[1] Richter können wider ihren Willen nur kraft richterlicher Entscheidung[2] und nur aus den Gründen und unter den Formen, welche die Gesetze bestimmen, dauernd oder zeitweise ihres Amts enthoben oder an eine andere Stelle oder in Ruhestand versetzt werden.[3]

Die vorläufige Amtsenthebung, welche kraft Gesetzes eintritt, wird hierdurch nicht berührt.

Bei einer Veränderung in der Organisation der Gerichte oder ihrer Bezirke können unfreiwillige Versetzungen an ein anderes Gericht[4] oder Entfernungen vom Amte unter Belassung des vollen Gehalts durch die Landesjustizverwaltung verfügt werden.

[1] § 13 E.G.

[2] Die Amtsenthebung und die Versetzung in den Ruhestand erfolgt zugleich durch richterliche Entscheidung; die Versetzung auf eine andere Stelle kann durch richterliche Entscheidung nur zugelassen werden; die Anordnung geschieht von der Landesjustizverwaltung. Pr. 90.

[3] Preußen: Ges. v. 9./4. 79 (Ges.Samml. 345). — Bayern: Art. 1, 5, 6, 22 ff., 59, 65, 71 Ges. v. 26./3. 81 (Ges. u. Ver.Bl. 183). — Sachsen: § 17 Ges. v. 1./3. 79 (Ges. u. Ver.Bl. 59); §§ 15, 17, 19, 25, 27 ff., 48 ff. Ges. v. 20./3. 80 (Ges. u. Ver.Bl. 31). — Elsaß-Lothringen: Ges. v. 4./4. 87 (Ges.Bl. 41).

[4] Bei nothwendiger Einziehung von Richterstellen nur gemäß § 21 E.G.

9. Wegen vermögensrechtlicher Ansprüche der Richter aus ihrem Dienstverhältnisse, insbesondere auf Gehalt, Wartegeld oder Ruhegehalt darf der Rechtsweg nicht ausgeschlossen werden.

10. Die landesgesetzlichen Bestimmungen über die

Befähigung zur zeitweiligen Wahrnehmung richterlicher Geschäfte[1] bleiben unberührt.[2]

[1] Preußen: § 2 Ges. v. 24./4. 78 (Ges. Samml. 230). — Sachsen: §§ 20, 21 Ges. v. 1./3. 79 (Ges. u. Ver.-Bl. 59). — Württemberg: Art. 18 Ges. v. 24./1. 79 (Reg.Bl. 3). — Baden: § 11 Ges. v. 3./3. 79 (Ges. u. Ver.Bl. 91). — Elsaß-Lothringen: § 6 Ges. v. 4./11. 78 (G.Bl. 65).

[2] Jedoch § 152; Bestimmungen über die Zuziehung von Hülfsrichtern: §§ 69, 122, 134.

11. Auf Handelsrichter,[1] Schöffen[2] und Geschworene[3] finden die Bestimmungen der §§. 2—9 keine Anwendung.

[1] §§ 109 Abs. 1, 111. [2] §§ 26, 31. [3] §§ 81, 84.

Zweiter Titel.

Gerichtsbarkeit.

Ausführungsbestimmungen: Preußen: §§ 12—20 Ges. v. 24./4. 78 (Ges. Samml. 230). — Bayern: Art. 7—14 Ges. v. 23./2. 79 (Ges. u. Ver.Bl. 273). — Sachsen: §§ 1, 8, 9, 13—15 Ges. v. 1./3. 79 (Ges. u. Ver.Bl. 59). — Württemberg: Art. 2, 7, 15 Ges. v. 24./1. 79 (Reg.Bl. 3). — Baden: § 1 Verord. v. 19./7. 79 (Ges. u. Ver.Bl. 427). — Elsaß-Lothringen: §§ 7—9 Ges. v. 4./11. 78 (Ges.Bl. 65).

Gerichte.

12. Die ordentliche streitige Gerichtsbarkeit[1] wird durch Amtsgerichte[2] und Landgerichte,[3] durch Oberlandesgerichte[4] und durch das Reichsgericht[5] ausgeübt.

[1] Anm. 1 zu § 2 E.G. [2] §§ 22 ff.
[3] §§ 58 ff. [4] §§ 119 ff.
[5] §§ 125 ff.; oberstes Landesgericht: § 8 E.G.

13. Vor die ordentlichen Gerichte gehören alle bürgerlichen Rechtsstreitigkeiten[1] und Strafsachen, für welche nicht entweder die Zuständigkeit von Verwaltungsbehörden[2] oder Verwaltungsgerichten[3] begründet ist oder reichsgesetzlich besondere Gerichte bestellt[4] oder zugelassen[5] sind.

[1] Den Begriff der bürgerlichen Rechtsstreitigkeit und die Grenzen zwischen Verwaltungsbehörden, Verwaltungsgerichten und ordentlichen Gerichten bestimmen die Reichs- oder Landesgesetze. Begr. 32, 33. R. G. XV, 324 u. R.G. XVIII. 125, vgl. auch R.G. XXII, 287. Jedoch § 11 E.G. z. G.V.G., § 9 G.V.G., §§ 4, 5 E.G. z. C.P.O. — Die gerichtliche Bestätigung einer Theilung, über welche zwischen den Betheiligten kein Streit besteht, ist kein Rechtsstreit. R.G. X, 294. Das Offizialverfahren gemäß Art. 20 H.G.B. ist weder ein bürgerlicher Rechtsstreit, noch eine Strafsache. R.G. II, 223. Ueber den Antrag auf richterliche Ernennung von Liquidatoren ist nur, wenn Streit obwaltet, im ordentlichen Prozeßwege zu entscheiden. R.G. XIII, 156.

[2] Wegen des Begriffs Verwaltungsbehörde in diesem Sinne vgl. R.G. XXIII, 346. — Beschränkung ihrer Strafgewalt: §§ 453 ff., 459 ff. St.P.O. — Vgl. übrigens: §§ 114, 115 Mil. Pensions-Ges. v. 27./6. 71 (R.G.B. 275); §§ 25, 34 ff. R.Ges. über das Postwesen v. 28./10. 71 (R.G.B. 347); §§ 29, 41 Rayon-Ges. v. 21./12. 71 (R.G.B. 459); §§ 134, 150, 155 Reichsbeamten-Ges. v. 31./3. 73 (R.G.B. 61); § 33 R.Ges. über die Kriegsleistungen v. 13./6. 73 (R.G.B 129); §§ 29, 30, 38, 40 Strandungsord. v. 17./5. 74 (R.G.B. 73); § 14 R.Ges. über die Naturalleistungen im Frieden v. 13./2. 75 (R.G.B. 52), dazu R.G. XV, 41; §§ 58 Abs. 1, 65 Abs. 5, 72 Abs. 3, 4 R.Ges. betr. die Krankenversicherung der Arbeiter v. 15./6. 83 (R.G.B. 73) u. § 16 Abs. 2 R.Ges. v. 28./5. 85 (R.G.B. 163); §§ 122—124 R.Ges. betr. die Inval. u. Alt. Vers. v. 22./6. 89 (R.G.B. 133).

[3] Für Streitigkeiten der Armenverbände: §§ 38 ff. B.Ges. v. 6./6. 70 (B.G.B. 360); Seemannsämter: §§ 105, 106 Seemannsord. v. 27./12. 72 (R.G.B. 499); verstärktes Reichseisenbahnamt; § 5 Nr. 4 R.Ges. v. 27./6. 73 (R.G.B. 164); Patentamt: §§ 28, 29 R.Ges. v. 25./5. 77 (R.G.B. 501); Seeämter und Ober-Seeamt:

§§ 1, 29 R.Ges. v. 27./7. 77 (R.G.B. 549; Prisengerichte: R.G. v. 3./5. 84 (R.G.B. 49); Reichs- bezw. Landesversicherungsamt: §§ 63, 87, 89, 92 Unfallversicherungsgesetz v. 6./7. 84 (R.G.B. 69) nebst § 1 R.Ges. v. 28./5. 85 (R.G.B. 159), §§ 68, 95, 97, 100 R.Ges. v. 5./5. 86 (R.G.B. 157), §§ 38, 45 R.Ges. v. 11./7. 87 (R.G.B. 302), §§ 71, 97, 99 R.Ges. v. 13./7. 87 (R.G.B. 356); ferner, §§ 68, 80, 90, 160, 134 R.Ges. betr. die Inval.- und Alt.-Vers. v. 22./6. 89 (R.G.B. 119). Vgl. auch §§ 58 Abs. 2. 65 Abs. 5, § 72 Abs. 3, 4 R.Ges. betr. die Krankenversicherung der Arbeiter v. 15./6. 83 (R.G.B. 73).

[4] Militärgerichte: § 7 E.G. — Konsuln und Konsulargerichte: §§ 5, 6 R.Ges. v. 10./7. 79 (R.G.B. 197). Schiedsgerichte für die Berufsgenossenschaften und Ausführungsbehörden: §§ 46—50, 62. 63 Unfallversicherungsgesetz v. 6./7. 84 (R.G.B. 69) §§ 1, 6 R.Ges. v. 28./5. 85 (R.G.B. 159), §§ 50—54, 67, 68, 105, R.Ges. v. 5./5. 86 (R.G.B. 150), §§ 36, 38, 47 R.Ges. v. 11./7. 87 (R.G.B. 301), §§ 49—56, 71, 105 R.Ge . v. 13./7. 87 (R.G.B. 348). Desgl. für die Versicherungsanstalten und besonderen Kasseneinrichtungen: §§ 5, 70 ff. R.Ges. betr. die Inval.- u. Alt.-Vers. v. 22./6. 89 (R. G.B. 99). Vgl. ferner Anm. 8 zu § 14.

[5] Auditeure im Mobilmachungsfall außerhalb der Garnison: § 39 Abs. 3 R.Milit.Ges. v. 2./5. 74 (R.G.B. 45). Gerichte für die Mitglieder landesherrlicher Familien: § 5 E.G. Austrägalgerichte für Standesherrn: § 7 E.G.

14. Als besondere Gerichte werden zugelassen:

1. die auf Staatsverträgen beruhenden Rheinschifffahrts-[1] und Elbzollgerichte;[2]
2. Gerichte, welchen die Entscheidung von bürgerlichen Rechtsstreitigkeiten bei der Ablösung von Gerechtigkeiten oder Reallasten, bei Separationen, Konsolidationen, Verkoppelungen, gutsherrlich-bäuerlichen Auseinandersetzungen und dergleichen obliegt;
3. Gemeindegerichte, insoweit denselben die Entschei-

dung über vermögensrechtliche Ansprüche obliegt, deren Gegenstand in Geld oder Geldeswerth[3] die Summe von sechzig Mark nicht übersteigt, jedoch mit der Maßgabe, daß gegen die Entscheidung der Gemeindegerichte innerhalb einer gesetzlich zu bestimmenden Frist sowohl dem Kläger wie dem Beklagten die Berufung auf den ordentlichen Rechtsweg zusteht,[4] und daß der Gerichtsbarkeit des Gemeindegerichts, als Kläger oder Beklagter, nur Personen unterworfen werden dürfen, welche in der Gemeinde den Wohnsitz,[5] eine Niederlassung[6] oder im Sinne der §§. 18, 21 der Civilprozeßordnung den Aufenthalt haben;[7]

4. Gewerbegerichte.[8]

[1] Art. 33—40 Rev. Rheinschifffahrtsakte v. 17./10. 68 (Preuß. G.S. von 1869 S. 814). — Preußen: erste Instanz: Amtsgerichte; zweite: Oberlandesgericht Cöln. § 1 Ges. v. 8./3. 79 (Ges. Samml. 129). Verord. v. 1./9. 79 (Ges. Samml. 609). — Bayern: erste Instanz: Amtsgerichte; zweite: Landgericht Frankenthal. Art. 9 Ges. v. 23./2. 79 (Ges. u. Ver.Bl. 661). — Baden: erste Instanz: Amtsgerichte; zweite: Landgericht Mannheim. Verord. v. 24./6. 79 (Ges. u. Ver.Bl. 313). — Hessen: erste Instanz: Amtsgericht Mainz; zweite: Landgericht Mainz. § 4 Verord. v. 14./5. 79 (Reg.Bl. 197). — Elsaß-Lothringen: erste Instanz: Amtsgerichte; zweite: Landgericht Straßburg. Art. 2, 3 Ges. v. 21./4. 32 (Bull. d. lois, sér. IX, no. 167).

[2] Art. 26 Elbschifffahrtsakte v. 23./6. 21 (Preuß. G.S. von 1822 S. 20); §§ 46—50 Additionalakte v. 13./4. 44 (Preuß. G.S. 468); B.Ges. v. 11./6. 70 (B.G.B. 416). — Preußen: erste Instanz: Amtsgerichte; zweite: Landgerichte. § 1 Ges. v. 9./3. 79 (Ges. Samml. 132). — Sachsen: erste Instanz: Amtsgerichte; zweite: Landgericht Dresden. Verord. v. 8./9. 79 (Ges. u. Ver. Bl. 332). — Anhalt: erste Instanz: Amtsgerichte; zweite: Land-

gericht Dessau. Ges. v. 10./5. 79 (Ges. Samml. 537). — Mecklenburg-Schwerin: erste Instanz: Amtsgerichte; zweite: Landgericht Schwerin. §§ 47, 49 Verord. v. 17./5. 79 (Reg.Bl. 131). — Hamburg: erste Instanz: Amtsgericht Hamburg; zweite: Landgericht Hamburg. § 65 Ges. v. 23./4. 79 (Ges.Samml. Nr. 14).

3 Berechnung: §§ 3—9 C.P.O.

4 Die Sache wird dann vor den Amtsgerichten in erster Instanz verhandelt. Pr. Nr. 169, S. 13.

5 §§ 13—17 C.P.O. 6 § 22 C.P.O.

7 Württemberg: Art. 3—14 Ges. v. 18./3. 79 (Reg.Bl. 173). — Baden: §§ 115—123 Ges. v. 3./3. 79 (Ges. u. Ver.Bl. 91), Ges. v. 16./4. 86 (Ges. u. Ver.Bl. 141). Dienstweisung v. 10./5. 86 (Ges. u. Ver.Bl. 231).

8 Jetzt reichsgesetzlich geordnet: §§ 1, 5, 71, 72, 77, 78 R.Ges. v. 29./7. 90 (R.G.B. 141). § 53 Abs. 2, § 65 Abs. 4, § 72 Abs. 3 R.Ges. betr. die Krankenversicherung der Arbeiter v. 15./6. 83 (R.G.B. 73); ferner Innungsbehörden und Innungsschiedsgerichte: §§ 97, 97a, 100d, 100e Gewerbe-Ord. (R.G.B. v. 1883 S. 177). — Elsaß-Lothringen: Ges. v. 23./3. 80 (Ges.Bl. 45), jedoch § 80 R.Ges. v. 29./7. 90 (R.G.B. 161).

15. Die Gerichte sind Staatsgerichte.[1]

Die Privatgerichtsbarkeit ist aufgehoben; an ihre Stelle tritt die Gerichtsbarkeit desjenigen Bundesstaates, in welchem sie ausgeübt wurde. Präsentationen für Anstellungen bei den Gerichten finden nicht statt.

Die Ausübung einer geistlichen Gerichtsbarkeit in weltlichen Angelegenheiten ist ohne bürgerliche Wirkung. Dies gilt insbesondere bei Ehe- und Verlöbnißsachen.[2]

1 D. h. Gerichte des Deutschen Reichs, Elsaß-Lothringens und der in Art. 1 der Reichsverfassung genannten Staaten. Pr. 139.

2 § 76 R.Ges. v. 6./2. 75 (R.G.B. 24).

16. Ausnahmegerichte sind unstatthaft. Niemand

darf seinem gesetzlichen Richter entzogen werden. Die gesetzlichen Bestimmungen über Kriegsgerichte und Standrechte werden hiervon nicht berührt.[1]

[1] Art. 68 Verf. des D. R. v. 16./4. 71 (B.G.B. 64). — Bayern: III. § 5 Vertrages v. 23./11. 70 (B.G.B. v. 1871 S. 9).

17. Die Gerichte entscheiden über die Zulässigkeit des Rechtswegs.

Die Landesgesetzgebung[1] kann jedoch die Entscheidung von Streitigkeiten zwischen den Gerichten und den Verwaltungsbehörden oder Verwaltungsgerichten über die Zulässigkeit des Rechtswegs besonderen Behörden[2] nach Maßgabe der folgenden Bestimmungen übertragen:

1. Die Mitglieder werden für die Dauer des zur Zeit ihrer Ernennung von ihnen bekleideten Amts oder, falls sie zu dieser Zeit ein Amt nicht bekleiden, auf Lebenszeit ernannt. Eine Enthebung vom Amte kann nur unter denselben Voraussetzungen wie bei den Mitgliedern des Reichsgerichts stattfinden.[3]
2. Mindestens die Hälfte der Mitglieder muß dem Reichsgerichte oder dem obersten Landesgerichte[4] oder einem Oberlandesgerichte angehören. Bei Entscheidungen dürfen Mitglieder nur in der gesetzlich bestimmten Anzahl mitwirken. Diese Anzahl muß eine ungerade sein und mindestens fünf betragen.
3. Das Verfahren ist gesetzlich zu regeln. Die Ent-

scheidung erfolgt in öffentlicher Sitzung nach Ladung der Parteien.

4. Sofern die Zulässigkeit des Rechtswegs durch rechtskräftiges Urtheil[5] des Gerichts feststeht, ohne daß zuvor auf die Entscheidung der besonderen Behörde angetragen war, bleibt die Entscheidung des Gerichts maßgebend.

[1] Eventuell landesherrliche Verordnung. § 17 Abs. 2 E.G. — Preußen: Verord. v. 1./8. 79 (Ges.Samml. 573), vgl. auch J.M.Bl. v. 1888 S. 4. — Bayern: Ges. v. 18./8. 79 (Ges. u. Ver.Bl. 991). — Sachsen: Ges. v. 3./3. 79 (Ges. u. Ver.Bl. 65). — Württemberg: Ges. v. 25./8. 79 (Reg.Bl. 272). — Baden: Ges. v. 30./1. 79 (Ges. u. Ver.Bl. 191).

[2] Auch dem Reichsgericht. § 17 Abs. 1. E.G.

[3] §§ 128—131. [4] § 8 E.G. [5] § 645 C.P.O.

Exterritoriale.

Landesherren: § 5 E.G.; Austräge: § 7 E.G.

18.[1] Die inländische Gerichtsbarkeit erstreckt sich nicht auf die Chefs und Mitglieder der bei dem Deutschen Reiche beglaubigten Missionen. Sind diese Personen Staatsangehörige eines der Bundesstaaten, so sind sie nur insofern von der inländischen Gerichtsbarkeit befreit, als der Staat, dem sie angehören, sich der Gerichtsbarkeit über sie begeben hat.

Die Chefs und Mitglieder der bei einem Bundesstaate beglaubigten Missionen sind der Gerichtsbarkeit dieses Staates nicht unterworfen. Dasselbe gilt von den Mitgliedern des Bundesraths, welche nicht von demjenigen Staate abgeordnet sind, in dessen Gebiete der Bundesrath seinen Sitz hat.[2]

[1] Geschäftsverkehr der Gerichte und Staatsanwaltschaften mit

Vertretern fremder Staaten: Preußen: Verf. v. 28./12. 80 (J. M.Bl. 369).

[2] Art. 10 Verf. d. D. R. v. 16./4. 71 (B.G.B. 64). Sie behalten in Anſehung des Gerichtsſtandes ihren Wohnſitz im Heimathsſtaate. § 16 Abſ. 1 C.P.O. § 11 St.P.O.

19. Auf die Familienglieder, das Geſchäftsperſonal der im §. 18 erwähnten Perſonen und auf ſolche Bedienſtete derſelben, welche nicht Deutſche[1] ſind, finden die vorſtehenden Beſtimmungen Anwendung.

[1] §§ 1 ff. B.Geſ. v. 1./6. 70 (B.G.B. 355).

20. Durch die Beſtimmungen der §§. 18, 19 werden die Vorſchriften über den ausſchließlichen dinglichen Gerichtsſtand[1] in bürgerlichen Rechtsſtreitigkeiten nicht berührt.

[1] § 25 C.P.O.

21. Die im Deutſchen Reiche angeſtellten Konſuln ſind der inländiſchen Gerichtsbarkeit unterworfen, ſofern nicht in Verträgen des Deutſchen Reichs mit anderen Mächten Vereinbarungen über die Befreiung der Konſuln von der inländiſchen Gerichtsbarkeit getroffen ſind.[1]

[1] Wegen der zugelaſſenen Ausnahmen vgl. R.G. XVII, 52. Wegen Vernehmung der in Deutſchland reſidirenden franzöſiſchen Konſuln als Zeugen vgl. Sächſ. Verord. v. 20./3. 89 (Sächſ. J.M.Bl. 13).

Dritter Titel.

Amtsgerichte.

Bildung von Strafkammern bei den Amtsgerichten: § 78, von Kammern für Handelsſachen: § 100 Abſ. 2, 110.

Ausführungsbeſtimmungen: Preußen: §§ 21—32 Geſ. v. 24./4. 78 (Geſ. Samml. 230). — Bayern: Art. 15—22 Geſ. v.

28./2. 79 (Ges. u. Ver.Bl. 273). — Sachsen: §§ 13—15 Ges. v. 1./3. 79 (Ges. u. Ver.Bl. 59). — Württemberg: Art. 1—5 Ges. v. 24./1. 79 (Reg.Bl. 3). — Baden: §§ 9, 10 Ges. v. 3./3. 79 (Ges. u. Ver.Bl. 91). — Elsaß-Lothringen: §§ 7, 12, 13 Ges. v. 4./11. 78 (Ges.Bl. 65).

22. Den Amtsgerichten stehen Einzelrichter vor.[1] Ist ein Amtsgericht mit mehreren Richtern besetzt, so wird einem derselben von der Landesjustizverwaltung die allgemeine Dienstaufsicht übertragen.[2] Jeder Amtsrichter erledigt die ihm obliegenden Geschäfte als Einzelrichter.[3]

[1] Sitze der Amtsgerichte: Preußen: § 21 Ges. v. 24./4. 78 (Ges. Samml. 230), Verord. v. 26./7. 78 (Ges. Samml. 275), v. 10./11. 79 (Ges. Samml. 627), v. 26./4., 1./7. u. 21./9. 82 (Ges. Samml. 223, 332 u. 347). § 1 Ges. v. 17./4. 85 (G.S. 107), § 1 Ges. v. 9./4. 87 (G.S. 113), §§ 1 Ges. v. 8./5. u. 24./5. 88 (G.S. 99, 133), §§ 1 Ges. v. 20./3. u. 21./4. 89 (G.S. 63, 101), § 1 Ges. v. 2./6. 90 (G.S. 133). — Bayern: § 4 Verord. v. 2./4. 79 (Ges. u. Ver.Bl. 355). — Sachsen: § 4 Ges. v. 1./3. 79 (Ges. u. Ver.Bl. 59), Nr. 1 Verord. v. 28./7. 79 (Ges. u. Ver.Bl. 235) u. v. 11./6. 83 (J.M.Bl. 27) — Württemberg: Art. 1 Ges. v. 24./1. 79 (Reg.Bl. 3), §§ 1, 2 Verord. v. 15./5. 79 (Reg.Bl. 107). — Baden: § 1 Ges. v. 2./3. 79 (Ges. u. Ver.Bl. 91), § 2 Verord. v. 23./4. 79 (Ges. u. Ver.Bl. 279), §§ 1, 2 Ver. v. 19./4. 84 (Ges. u. Ver.Bl. 117). — Elsaß-Lothringen: § 7 Ges. v. 4./11. 78 (Ges.Bl. 65). Verord. v. 7./7. 79. (Samml. v. Ges., Verord. 2c. 2c. betr. die Just.Verw. Bd. 4 S. 285), Verord. v. 15./4. 84 (Ges.Bl. 82).

[2] Die Geschäfte können von der Landesjustizverwaltung nach örtlichen Bezirken oder nach Gattungen zwischen den mehreren Richtern vertheilt werden. Begr. 58. — Die Gültigkeit der Amtshandlung eines Amtsrichters wird dadurch nicht berührt, daß diese Handlung nach der Geschäftsvertheilung von einem anderen Amtsrichter vorzunehmen gewesen wäre. R.G. I, 235.

[3] Geschäftsvertheilung und Dienstaufsicht: Preußen: §§ 23, 24, 78, 80 Ges. v. 24./4. 78 (Ges. Samml. 230). Vgl. dazu R.G. VII,

404. Verf. v. 21./7. 79 (J.M.Bl. 198). — Bayern: Art. 17, 18, 20, 69 Ges. v. 23./2. 79 (Ges. u. Ver.Bl. 273). Bekanntm. v. 16./9. 79 (J.M.Bl. 928) u. v. 29./4. 81 (J.M.Bl. 165 u. 178), dazu R.G. XV, 213. — Sachsen: Verord. v. 29./9. 79 (Ges. u. Ver.Bl. 299), §§ 7, 8 Ges. v. 20./3. 80 (Ges. u. Ver.Bl. 31). — Württemberg: Art. 4, 5 Ges. v. 24./1. 79 (Reg.Bl. 3). Vgl. dazu R.G. XI, 163. — Baden: §§ 9, 10 Ges. v. 3./3. 79 (Ges. u. Ver.Bl. 91). Verord. v. 24./9. 79 (Ges. u. Ver.Bl. 772). — Elsaß-Lothringen: § 2 Verord. v. 13./6. 79. (Ges.Bl. 61).

23. Die Zuständigkeit der Amtsgerichte umfaßt in bürgerlichen Rechtsstreitigkeiten, soweit dieselben nicht ohne Rücksicht auf den Werth des Streitgegenstandes den Landgerichten zugewiesen sind:[1]

1. Streitigkeiten über vermögensrechtliche Ansprüche, deren Gegenstand an Geld oder Geldeswerth die Summe von dreihundert Mark[2] nicht übersteigt;
2. ohne Rücksicht auf den Werth des Streitgegenstandes:[3]

   Streitigkeiten zwischen Vermiethern und Miethern von Wohnungs- und anderen Räumen wegen Ueberlassung, Benutzung und Räumung derselben, sowie wegen Zurückhaltung der vom Miether in die Miethsräume eingebrachten Sachen;[4]

   Streitigkeiten zwischen Dienstherrschaft und Gesinde, zwischen Arbeitgebern und Arbeitern hinsichtlich des Dienst- und Arbeitsverhältnisses, sowie die im §. 108 der Gewerbeordnung[5] bezeichneten Streitigkeiten, insofern dieselben während der Dauer des Dienst-, Arbeits- oder Lehrverhältnisses entstehen;

Streitigkeiten zwischen Reisenden und Wirthen, Fuhrleuten, Schiffern, Flößern oder Auswanderungsexpedienten[6] in den Einschiffungshäfen, welche über Wirthszechen, Fuhrlohn, Ueberfahrtsgelder, Beförderung der Reisenden und ihrer Habe und über Verlust und Beschädigung der letzteren, sowie Streitigkeiten zwischen Reisenden und Handwerkern, welche aus Anlaß der Reise entstanden sind;

Streitigkeiten wegen Viehmängel;

Streitigkeiten wegen Wildschadens;

Ansprüche aus einem außerehelichen Beischlafe;[7]

das Aufgebotsverfahren.[8]

[1] § 70 Abs. 2, 3. [2] Berechnung: §§ 3—9 C.P.O.

[3] Prorogation auf das Landgericht ist auch hier zulässig. R.G. IX, 349.

[4] Nicht auf Pachtverhältnisse zu beziehen.

[5] Jetzt § 3 Abs. 1, § 78 R.Ges. v. 29./7. 90 (R.G.B. 142). Vgl. auch Anm. 8 zu § 14.

[6] D. h. Personen, welche das Engagement von Auswanderern für fremde Rechnung oder als Unternehmer betreiben.

[7] Einschließlich der auf einem Anerkenntnisse der Schwängerung oder einem besonderen Alimentationsversprechen beruhenden. R.G. VII, 339. Dagegen ist die amtsgerichtliche Zuständigkeit verneint für Ansprüche, welche auf dem Anerkenntniß der Vaterschaft im Gebiete des französischen Rechts — Art. 334 code civ. — beruhen, durch R.G. XII, 368.

[8] §§ 823—850 C.P.O. Andere Gerichte können landesgesetzlich mit dem Aufgebotsverfahren betraut werden, soweit ein abweichendes Verfahren zulässig ist. § 11 E.G. zur C.P.O.

24. Im Uebrigen wird die Zuständigkeit und der

Geschäftskreis der Amtsgerichte durch die Vorschriften dieses Gesetzes[1] und der Prozeßordnungen[2] bestimmt.

[1] §§ 26, 30, 39—57, 85—89, 158.

[2] §§ 448, 471, 571, 593, 616, 617, 621, 625, 629, 684. 705, 799, 815, 820 C.P.O.; § 13 Abs. 4 E.G. z. C.P.O.; § 64 K.O.; §§ 125, 126, 128, 129, 132, 160, 163, 164, 171, 183, 184, 447, 448, 455, 463, 483, 489 St.P.O. — Fernere reichsgesetzliche Zuständigkeit: § 87 R.A.O.

Vierter Titel.

Schöffengerichte.

Verhandlung und Entscheidung ohne Zuziehung von Schöffen ist zulässig: bei Forst- und Feldrügesachen: § 3 Abs. 3 E.G. zur St.P.O.; bei Uebertretungen, sofern der Beschuldigte vorgeführt wird und gesteht: § 211 Abs. 2 St.P.O.

Ausführungsbestimmungen: Preußen: §§ 33—36 Ges. v. 24./4. 78 (Ges. Samml. 230). — Bayern: Art. 23—25 Ges. v. 23./2. 79 (Ges. u. Ver.Bl. 273). — Sachsen: §§ 24—26 Ges. v. 1./3. 79 (Ges. u. Ver.Bl. 59). — Württemberg: Art. 19. 20 Ges. v. 24./1. 79 (Reg.Bl. 3). — Baden: §§ 4, 5 Ges. v. 3./3. 79 (Ges. u. Ver.Bl. 91). — Elsaß-Lothringen: § 14 Ges. v. 4./11. 78 (Ges.Bl. 65).

25. Für die Verhandlung und Entscheidung von Strafsachen werden bei den Amtsgerichten Schöffengerichte gebildet.

1. Besetzung.

26. Die Schöffengerichte bestehen aus dem Amtsrichter als Vorsitzenden und zwei Schöffen.

2. Zuständigkeit.

27. Die Schöffengerichte sind zuständig:

1. für alle Uebertretungen;[1]
2. für diejenigen Vergehen, welche nur mit Gefängniß von höchstens drei Monaten oder Geld-

strafe von höchstens sechshundert Mark, allein oder neben Haft oder in Verbindung mit einander oder in Verbindung mit Einziehung[2] bedroht sind,[3] mit Ausnahme der im §. 320 des Strafgesetzbuchs[4] und der im §. 74 dieses Gesetzes bezeichneten Vergehen;

3. für die nur auf Antrag zu verfolgenden Beleidigungen[5] und Körperverletzungen,[6] wenn die Verfolgung im Wege der Privatklage geschieht;[7]
4. für das Vergehen des Diebstahls im Falle des §. 242 des Strafgesetzbuchs,[8] wenn der Werth des Gestohlenen fünfundzwanzig Mark nicht übersteigt;[9]
5. für das Vergehen der Unterschlagung im Falle des §. 246 des Strafgesetzbuchs,[10] wenn der Werth des Unterschlagenen fünfundzwanzig Mark nicht übersteigt;[9]
6. für das Vergehen des Betruges im Falle des §. 263 des Strafgesetzbuchs,[11] wenn der Schaden fünfundzwanzig Mark nicht übersteigt;[9]
7. für das Vergehen der Sachbeschädigung im Falle des §. 303 des Strafgesetzbuchs,[12] wenn der Schaden fünfundzwanzig Mark nicht übersteigt;[9]
8. für das Vergehen der Begünstigung[13] und für das Vergehen der Hehlerei in den Fällen des §. 258 Nr. 1[14] und des §. 259[15] des Strafgesetzbuchs, wenn die Handlung, auf welche sich die Begünstigung oder die Hehlerei bezieht, zur Zuständigkeit der Schöffengerichte gehört.

[1] §§ 1 Abs. 3, 360—370 St.G.B. und in anderen Reichsgesetzen oder Landesgesetzen. Pr. 183. §§ 2, 5 E.G. zum St.G.B.

[2] Einschl. der Verfallerklärung. R.G. XII, 75.

[3] Auf Grund des St.G.B., anderer Reichsgesetze oder der Landesgesetze. Pr. 183, 207. § 1 Abs. 2 St.G.B. §§ 2, 5 E.G. z. St.G.B. — Aus dem St.G.B. sind es folgende: fahrlässiges Entweichenlassen Gefangener, § 121 Abs. 2; Hausfriedensbruch, § 123 Abs. 1; wissentliche Verausgabung empfangenen falschen Geldes, § 148; wissentliche Verwendung von gebrauchtem Stempelpapier, Stempelmarken u. dgl., § 276; unbefugtes Jagen, § 292; Verletzung des Briefgeheimnisses, § 299.

[4] Beibehaltung der wegen Transportgefährdung oder Betriebsstörung bestraften Bahn- oder Telegraphenbeamten. — Vgl. § 75 Nr. 14.

[5] §§ 185—187, 189, 194 St.G.B. — Vgl. § 75 Nr. 4.

[6] Leichte vorsätzliche und alle fahrlässigen: §§ 223, 230 Abs. 1, 232 St.G.B. — Vgl. § 75 Nr. 4, 5.

[7] §§ 414, 416 St.P.O. — Vgl. § 75 Nr. 4. — Sobald die Staatsanwaltschaft gemäß § 417 Abs. 2 St.P.O. die Verfolgung übernimmt, erlischt die Zuständigkeit des Schöffengerichts. R.G. X, 237.

[8] Einfacher Diebstahl. — Vgl. § 75 Nr. 6.

[9] Zur Feststellung des Werths oder Schadens bedarf es keiner Schätzung durch Sachverständige: die Festsetzung des mit der Sache zuerst befaßten Beamten genügt. Pr. 324.

[10] Einfache Unterschlagung. — Vgl. § 75 Nr. 7.

[11] Einfacher Betrug. — Vgl. § 75 Nr. 10.

[12] Einfache Sachbeschädigung. — Vgl. § 75 Nr. 12.

[13] § 257 St.G.B. — Vgl. § 75 Nr. 8.

[14] Hehlerei bei einfachem Diebstahl, einfacher Unterschlagung. — Vgl. § 75 Nr. 9.

[15] Partirerei. — Vgl. § 75 Nr. 9.

28. Ist die Zuständigkeit des Schöffengerichts durch den Werth einer Sache oder den Betrag eines Schadens bedingt[1] und stellt sich in der Hauptverhandlung heraus, daß der Werth oder Schaden mehr als fünfundzwanzig Mark beträgt, so hat das Gericht

seine Unzuständigkeit nur dann auszusprechen, wenn aus anderen Gründen[2] die Aussetzung der Verhandlung[3] geboten erscheint.[4]

[1] § 27 Nr. 4—8.

[2] §§ 145, 216, 227, 245, 261, 264 St.P.O.

[3] Liegen andere Gründe zur Unzuständigkeitserklärung vor: § 270 Str.P.O.

[4] Das Schöffengericht ist in den Fällen des § 27 Nr. 3 bis 8 befugt, auf eine höhere Gefängnißstrafe als drei Monate und auf eine höhere Geldstrafe als sechshundert Mark zu erkennen. Pr. 609.

29. Vor die Schöffengerichte gehören auch diejenigen Strafsachen, deren Verhandlung und Entscheidung ihnen nach den Bestimmungen des fünften Titels[1] von den Strafkammern der Landgerichte überwiesen wird.

[1] § 75.

3. Schöffenamt.

30. Insoweit das Gesetz nicht Ausnahmen bestimmt,[1] üben die Schöffen während der Hauptverhandlung das Richteramt im vollen Umfange und mit gleichem Stimmrechte wie die Amtsrichter aus und nehmen auch an denjenigen, im Laufe einer Hauptverhandlung zu erlassenden Entscheidungen Theil, welche in keiner Beziehung zu der Urtheilsfällung stehen, und welche auch ohne vorgängige mündliche Verhandlung erlassen werden können.

Die außerhalb der Hauptverhandlung erforderlichen Entscheidungen werden von dem Amtsrichter erlassen.

[1] § 31 St.P.O. — Vgl. auch §§ 52, 53, 54, 56 G.V.G.

31. Das Amt eines Schöffen ist ein Ehrenamt.[1]

Dasselbe kann nur von einem Deutschen[2] versehen werden.

[1] Vgl. jedoch § 55. — Verpflichtung zur Annahme: §§ 35, 56.

[2] §§ 1 ff. B.Gef. v. 1./6. 70 (B.G.B. 355).

Befähigung.

32. Unfähig[1] zu dem Amte eines Schöffen sind:

1. Personen, welche die Befähigung in Folge strafgerichtlicher Verurtheilung verloren haben;[2]
2. Personen, gegen welche das Hauptverfahren wegen eines Verbrechens oder Vergehens eröffnet ist,[3] das die Aberkennung der bürgerlichen Ehrenrechte oder der Fähigkeit zur Bekleidung öffentlicher Aemter zur Folge haben kann;[4]
3. Personen, welche in Folge gerichtlicher Anordnung in der Verfügung über ihr Vermögen beschränkt sind.[5]

[1] § 52 Abf. 1 G.B.G. § 337 Nr. 1 St.P.O. — Wegen des Zeitpunkts, in welchem die Fähigkeit vorhanden sein muß, vgl. R. G. II, 241.

[2] §§ 31, 33–35 St.G.B. [3] § 201 St.P.O.

[4] §§ 31, 32 St.G.B. [5] §§ 593, 621 C.P.O. §§ 98, 100 K.O.

33. Zu dem Amte eines Schöffen sollen[1] nicht berufen werden:[2]

1. Personen, welche zur Zeit der Aufstellung der Urliste[3] das dreißigste Lebensjahr noch nicht vollendet haben;
2. Personen, welche zur Zeit der Aufstellung der Urliste[3] den Wohnsitz in der Gemeinde noch nicht zwei volle Jahre haben;
3. Personen, welche für sich oder ihre Familie Armen-

unterstützung aus öffentlichen Mitteln empfangen oder in den drei letzten Jahren, von Aufstellung der Urliste[3] zurückgerechnet, empfangen haben;

4. Personen, welche wegen geistiger oder körperlicher Gebrechen zu dem Amte nicht geeignet sind;
5. Dienstboten.

[1] § 52 Abs. 2. [2] § 36. [3] § 57.

34. Zu dem Amte eines Schöffen sollen[1] ferner nicht berufen werden:[2]

1. Minister;
2. Mitglieder der Senate der freien Hansestädte;
3. Reichsbeamte, welche jederzeit einstweilig in den Ruhestand versetzt werden können;[3]
4. Staatsbeamte, welche auf Grund der Landesgesetze jederzeit einstweilig in den Ruhestand versetzt werden können;
5. richterliche Beamte[4] und Beamte der Staatsanwaltschaft;[5]
6. gerichtliche[6] und polizeiliche Vollstreckungsbeamte;
7. Religionsdiener;
8. Volksschullehrer;
9. dem aktiven Heere oder der aktiven Marine angehörende Militärpersonen.[7]

Die Landesgesetze können[8] außer den vorbezeichneten Beamten höhere Verwaltungsbeamte bezeichnen, welche zu dem Amte eines Schöffen nicht berufen werden sollen.

[1] § 52 Abs. 2. [2] Vgl. auch § 97.

[3] § 25 R.Ges. v. 31./3. 73 (R.G.B. 61). § 2 R.Ges. v. 27./6. 73 (R.G.B. 164).

[4] §§ 12, 22, 58, 116, 119, 126. — §§ 8, 9 E.G.

[5] § 143. Die in § 153 bezeichneten Hülfsbeamten der Staatsanwaltschaft gehören hierzu nicht. Verf. des Preuß. Just. Min. v. 21./11. 90 (Pr.M.Bl. f. d. i. V. 236).

[6] § 155.

[7] § 4 u. Anl. des Milit.=Straf=Ges.=B. v. 20./6. 72 (R.G.B. 174, 204). § 38 Abs. 2 Reichs.Milit.=Ges. v. 2./5. 74 (R.G.B. 45), Verord. v. 29./6. 80 (R.G.B. 169).

[8] Preußen: § 33 Ges. v. 24./4. 78 (Ges. Samml. 230). — Bayern: Art. 23. Ges. v. 23./2. 79 (Ges. u. Ver.Bl. 273). — Sachsen: § 24 Ges. v. 1./3. 79 (Ges. u. Ver.Bl. 59). — Württemberg: Art. 19 (Ges. v. 24./1. 79 (Reg.Bl. 3). — Baden: § 4 Ges. v. 3./3. 79 (Ges. u. Ver.Bl. 91).

35. Die Berufung zum Amte eines Schöffen dürfen ablehnen:[1]

1. Mitglieder einer deutschen gesetzgebenden Versammlung;
2. Personen, welche im letzten Geschäftsjahre die Verpflichtung eines Geschworenen,[2] oder an wenigstens fünf Sitzungstagen die Verpflichtung eines Schöffen erfüllt haben;
3. Aerzte;[3]
4. Apotheker, welche keine Gehülfen haben;
5. Personen, welche das fünfundsechzigste Lebensjahr zur Zeit der Aufstellung der Urliste[4] vollendet haben oder dasselbe bis zum Ablaufe des Geschäftsjahres[5] vollenden würden;
6. Personen, welche glaubhaft machen, daß sie den mit der Ausübung des Amts verbundenen Aufwand zu tragen nicht vermögen.

[1] §§ 36, 53.

[2] Benachrichtigung der Amtsgerichte über die wirkliche Er=

füllung der Verpflichtung eines Geschworenen: Preußen: Verf. v. 16./2. 84 (J.M.Bl. 36).

[3] § 29 Gewerbe-Ord. (R.G.B. v. 1883 S. 177).

[4] § 57. [5] Anm. 1 zu § 20 E.G.

Urliste.

36. Der Vorsteher einer jeden Gemeinde oder eines landesgesetzlich der Gemeinde gleichstehenden Verbandes hat alljährlich[1] ein Verzeichniß der in der Gemeinde wohnhaften Personen, welche zu dem Schöffenamte berufen werden können,[2] aufzustellen (Urliste).

Die Urliste ist in der Gemeinde eine Woche lang zu Jedermanns Einsicht auszulegen. Der Zeitpunkt der Auslegung ist vorher öffentlich bekannt zu machen.

[1] § 57.

[2] Das sind sämmtliche männliche Gemeindemitglieder, welche Deutsche sind, mit Ausnahme der in §§ 32—34 aufgeführten; die Ablehnungsberechtigten (§ 35) sind nur dann auszulassen, wenn deren Ablehnung dem Gemeindevorsteher bekannt ist.

37. Gegen die Richtigkeit oder Vollständigkeit der Urliste kann innerhalb der einwöchigen Frist schriftlich oder zu Protokoll Einsprache[1] erhoben werden.

[1] Von Jedermann. Begr. 82. Pr. 230.

38. Der Gemeindevorsteher sendet die Urliste nebst den erhobenen Einsprachen und den ihm erforderlich erscheinenden Bemerkungen an den Amtsrichter des Bezirks.[1]

Wird nach Absendung der Urliste die Berichtigung derselben erforderlich, so hat der Gemeindevorsteher hiervon dem Amtsrichter Anzeige zu machen.

[1] § 57.

39. Der Amtsrichter stellt die Urlisten des Bezirks zusammen und bereitet den Beschluß über die Einsprachen gegen dieselben vor. Er hat die Beachtung der Vorschriften des §. 36 Abs. 2 zu prüfen und die Abstellung etwaiger Mängel zu veranlassen.

40. Bei dem Amtsgerichte tritt alljährlich ein Ausschuß zusammen.

Der Ausschuß besteht aus dem Amtsrichter als Vorsitzenden und einem von der Landesregierung zu bestimmenden Staatsverwaltungsbeamten, sowie sieben Vertrauensmännern [1] als Beisitzern.

Die Vertrauensmänner werden aus den Einwohnern des Amtsgerichtsbezirks gewählt.

Die Wahl erfolgt nach näherer Bestimmung der Landesgesetze durch die Vertretungen [2] der Kreise, Aemter, Gemeinden oder dergleichen Verbände; wenn solche Vertretungen nicht vorhanden sind, durch den Amtsrichter. Letzterer hat die Vertrauensmänner vornehmlich aus den Vorstehern der vorbezeichneten Verbände zu wählen.

Zur Beschlußfähigkeit des Ausschusses genügt die Anwesenheit des Vorsitzenden, des Staatsverwaltungsbeamten und dreier Vertrauensmänner. Der Ausschuß faßt seine Beschlüsse nach der absoluten Mehrheit der Stimmen. Bei Stimmengleichheit entscheidet die Stimme des Vorsitzenden.

[1] § 56.

[2] Gemeint sind gewählte Vertretungen. Pr. 241. — Preußen: § 35 Ges. v. 24./4. 78 (Ges.Samml. 230). — Bayern: Art. 24 Ges.

v. 28./2. 79 (Geſ. u. Ver.Bl. 273). — Sachſen: § 25 Geſ. v. 1./3. 79 (Geſ. u. Ver.Bl. 59). — Württemberg: Art. 20 Geſ. v. 24./1. 79 (Reg.Bl. 3). — Baden: § 5 Geſ. v. 3./3. 79 (Geſ. u. Ver.Bl. 91). — Elſaß-Lothringen: § 14 Geſ. v. 4./11. 78 (Geſ.Bl. 65).

41. Der Ausſchuß entſcheidet über die gegen die Urliſte erhobenen Einſprachen. Die Entſcheidungen ſind zu Protokoll zu vermerken. Beſchwerde findet nicht ſtatt.

Jahresliſte.

42. Aus der berichtigten Urliſte wählt der Ausſchuß[1] für das nächſte Geſchäftsjahr:[2]

1. die erforderliche Zahl von Schöffen;
2. die erforderliche Zahl derjenigen Perſonen, welche in der von dem Ausſchuſſe feſtzuſetzenden Reihenfolge an die Stelle wegfallender Schöffen treten (Hülfsſchöffen). Die Wahl iſt auf Perſonen zu richten, welche am Sitze des Amtsgerichts oder in deſſen nächſter Umgebung wohnen.

[1] Ferner: § 87. [2] Anm. 1 zu § 20 E.G.

43. Die für jedes Amtsgericht erforderliche Zahl von Hauptſchöffen und Hülfsſchöffen wird durch die Landesjuſtizverwaltung beſtimmt.[1]

Die Beſtimmung der Zahl der Hauptſchöffen erfolgt in der Art, daß vorausſichtlich Jeder höchſtens zu fünf ordentlichen Sitzungstagen im Jahre herangezogen wird.

[1] Preußen: § 3 Verf. v. 22./7. 79 (J.M.Bl. 195). — Bayern: Nr. XIV Bekanntm. v. 1./8. 80 (J.M.Bl. 290). — Sachſen: § 9 Verord. v. 23./9. 79 (Geſ. u. Ver.Bl. 375). — Württemberg: § 3 Verf. v. 16./6. 80 (Reg.Bl. 156). — Baden: § 12 Verord. v.

11./7. 79 (Ges. u. Ver.Bl. 329). — Elsaß-Lothringen: § 3 Verordn. v. 13./6. 79 (Ges.Bl. 61).

44. Die Namen der erwählten Hauptschöffen und Hülfsschöffen werden bei jedem Amtsgerichte in gesonderte Verzeichnisse aufgenommen (Jahreslisten).

Heranziehung zu den Sitzungen.

45. Die Tage der ordentlichen Sitzungen des Schöffengerichts werden für das ganze Jahr im voraus festgestellt.

Die Reihenfolge, in welcher die Hauptschöffen an den einzelnen ordentlichen Sitzungen des Jahres Theil nehmen, wird durch Ausloosung in öffentlicher Sitzung des Amtsgerichts bestimmt.[1] Das Loos zieht der Amtsrichter.

Ueber die Ausloosung wird von dem Gerichtsschreiber ein Protokoll aufgenommen.

[1] § 57.

46. Der Amtsrichter setzt die Schöffen von ihrer Ausloosung und von den Sitzungstagen, an welchen sie in Thätigkeit zu treten haben, unter Hinweis auf die gesetzlichen Folgen des Ausbleibens[1] in Kenntniß.

In gleicher Weise werden die im Laufe des Geschäftsjahres einzuberufenden Schöffen[2] benachrichtigt.

[1] § 56. — Erlaß nochmaliger besonderer Ladungen: Preußen: Verf. v. 30./10. 82 (J.M.Bl. 321); Bayern: Bekanntm. v. 5./5. 83 (J.M.Bl. 213).

[2] § 42 Nr. 2, § 48 Abs. 2, § 49.

47. Eine Aenderung in der bestimmten Reihenfolge kann auf übereinstimmenden Antrag der betheiligten Schöffen von dme Amtsrichter bewilligt werden, sofern die in den betreffenden Sitzungen zu verhandelnden Sachen noch nicht bestimmt sind.[1] Der Antrag und die Bewilligung sind aktenkundig zu machen.

[1] Sind Hinderungsgründe eingetreten: § 54.

48. Wenn die Geschäfte die Anberaumung außerordentlicher Sitzungen erforderlich machen, so werden die einzuberufenden Schöffen vor dem Sitzungstage in Gemäßheit des §. 45 ausgeloost.[1]

Erscheint dies wegen Dringlichkeit unthunlich, so erfolgt die Ausloosung durch den Amtsrichter lediglich aus der Zahl der am Sitze des Gerichts wohnenden Hülfsschöffen. Die Umstände, welche den Amtsrichter hierzu veranlaßt haben, sind aktenkundig zu machen.

[1] Aus der Liste der Hauptschöffen.

49. Wird zu einzelnen Sitzungen die Zuziehung anderer als der zunächst berufenen Schöffen[1] erforderlich, so erfolgt dieselbe aus der Zahl der Hülfsschöffen nach der Reihenfolge der Jahresliste.

Würde durch die Berufung der letzteren eine Vertagung der Verhandlung oder eine erhebliche Verzögerung ihres Beginnes nothwendig, so sind die nicht am Sitze des Gerichts wohnenden Hülfsschöffen zu übergehen.

[1] Oder von Ergänzungsschöffen: § 194 Abs. 3.

50. Erstreckt sich die Dauer einer Sitzung über die Zeit hinaus, für welche der Schöffe zunächst einberufen ist, so hat er bis zur Beendigung der Sitzung seine Amtsthätigkeit fortzusetzen.

Beeidigung.

51. Die Beeidigung der Schöffen erfolgt bei ihrer ersten Dienstleistung in öffentlicher Sitzung.[1] Sie gilt für die Dauer des Geschäftsjahres.[2]

Der Vorsitzende richtet an die zu Beeidigenden die Worte:

„Sie schwören bei Gott dem Allmächtigen und Allwissenden, die Pflichten eines Schöffen getreulich zu erfüllen und Ihre Stimmen nach bestem Wissen und Gewissen abzugeben."

Die Schöffen leisten den Eid, indem Jeder einzeln die Worte spricht:

„ich schwöre es, so wahr mir Gott helfe."

Der Schwörende soll bei der Eidesleistung die rechte Hand erheben.

Ist ein Schöffe Mitglied einer Religionsgesellschaft, welcher das Gesetz den Gebrauch gewisser Betheuerungsformeln an Stelle des Eides gestattet, so wird die Abgabe einer Erklärung unter der Betheuerungsformel dieser Religionsgesellschaft der Eidesleistung gleich geachtet.

Ueber die Beeidigung wird von dem Gerichtsschreiber ein Protokoll aufgenommen.

[1] Sie bildet nicht einen Theil der Hauptverhandlung. § 242 St.P.O.

[2] Anm. 1 zu § 20 E.G.

Enthebung.

52. Wenn die Unfähigkeit[1] einer als Schöffe in die Jahresliste aufgenommenen Person eintritt oder bekannt wird, so ist der Name derselben von der Liste zu streichen.

Ein Schöffe, hinsichtlich dessen nach seiner Aufnahme in die Jahresliste andere Umstände eintreten oder bekannt werden, bei deren Vorhandensein eine Berufung zum Schöffenamte nicht erfolgen soll,[1] ist zur Dienstleistung ferner nicht heranzuziehen.

Die Entscheidung erfolgt durch den Amtsrichter nach Anhörung der Staatsanwaltschaft und des betheiligten Schöffen.

Beschwerde findet nicht statt.

[1] § 32. [2] §§ 33, 34, 97.

53. Ablehnungsgründe[1] sind nur zu berücksichtigen, wenn sie innerhalb einer Woche, nachdem der betheiligte Schöffe von seiner Einberufung in Kenntniß gesetzt worden ist, von demselben geltend gemacht werden. Fällt ihre Entstehung oder Bekanntwerdung in eine spätere Zeit, so ist die Frist erst von diesem Zeitpunkte zu berechnen.

Der Amtsrichter entscheidet über das Gesuch nach Anhörung der Staatsanwaltschaft. Beschwerde findet nicht statt.

[1] § 35.

54. Der Amtsrichter kann einen Schöffen auf dessen Antrag wegen eingetretener Hinderungsgründe[1] von der Dienstleistung an bestimmten Sitzungstagen entbinden.

Die Entbindung des Schöffen von der Dienstleistung kann davon abhängig gemacht werden, daß ein anderer für das Dienstjahr bestimmter Schöffe für ihn eintritt.

Der Antrag und die Bewilligung sind aktenkundig zu machen.

[1] Fehlt es an solchen: § 47.

Allgemeine Bestimmungen.

55. Die Schöffen und die Vertrauensmänner des Ausschusses erhalten Vergütung der Reisekosten.[1]

[1] Preußen: § 36 Ges. v. 24./4. 78 (Ges. Samml. 230). — Bayern: Verord. v. 29./7. 79 (Ges. u. Ver.Bl. 731). — Sachsen: § 26 Ges. v. 1./3. 79 (Ges. u. Ver.Bl. 59). — Württemberg: Art. 20 Ges. v. 24./1. 79 (Reg.Bl. 3). Verord. v. 10./9. 79 (Reg.Bl. 349). — Baden: § 18 Verord. v. 11./7. 79 (Ges. u. Ver.Bl. 325). — Elsaß-Lothringen: § 33 Ges. v. 4./11. 78 (Ges.Bl. 65). Ges. v. 31./3. 80 (Ges.Bl. 57).

56. Schöffen und Vertrauensmänner des Ausschusses welche ohne genügende Entschuldigung zu den Sitzungen nicht rechtzeitig sich einfinden oder ihren Obliegenheiten in anderer Weise sich entziehen, sind zu einer Ordnungsstrafe von fünf bis zu eintausend Mark, sowie in die verursachten Kosten zu verurtheilen.

Die Verurtheilung wird durch den Amtsrichter nach Anhörung der Staatsanwaltschaft[1] ausgesprochen. Erfolgt nachträglich genügende Entschuldigung, so kann die Verurtheilung ganz oder theilweise zurückgenommen werden. Gegen die Entscheidungen findet Beschwerde von Seiten des Verurtheilten nach den Vorschriften der Strafprozeßordnung[2] statt.

[1] Sie ist auch vor der Festsetzung von Ordnungsstrafen gegen Vertrauensmänner des Ausschusses zu hören. Begr. 92.

[2] §§ 346—352 St.P.O. — Vgl. § 72.

57. Bis zu welchem Tage die Urlisten aufzustellen und dem Amtsrichter einzureichen sind, der Ausschuß zu berufen und die Auslosung der Schöffen zu bewirken ist, wird durch die Landesjustizverwaltung bestimmt.[1]

[1] Preußen: § 5 Verf. v. 22./7. 79 (J.M.Bl. 195) u. Verf. v. 18./1. 82 (J.M.Bl. 18). — Bayern: Nr. VIII, IX, XIII Bekanntm. v. 1./8. 80 (J.M.Bl. 290) u. v. 22./1. 83 (J.M.Bl. 13). — Sachsen: §§ 5, 6 Verord. v. 23./9. 79 (Ges. u. Ver.Bl. 375). — Württemberg: §§ 1, 2, 4, 5 Verf. v. 16./6. 80 (Reg.Bl. 156). — Baden: §§ 1, 4, 7, 15 Verord. v. 11./7. 79 (Ges. u. Ver.Bl. 325). — Elsaß-Lothringen: §§ 4—6 Verord. v. 13./6. 79 (Ges.Bl. 61).

Fünfter Titel.

Landgerichte.

Ausführungsbestimmungen: Preußen: §§ 37—43 Ges. v. 24./4. 78 (Ges.Samml. 230). — Bayern: Art. 26—33 Ges. v. 23./2. 79 (Ges. u. Ver.Bl. 273). — Sachsen: §§ 3, 4, 10, 27 Ges. v. 1./3. 79 (Ges. u. Ver.Bl. 59). — Württemberg: Art. 6—10, 13 Ges. v. 24./1. 79 (Reg.Bl. 3). — Baden: §§ 1, 3 Ges. v. 3./3. 79 (Ges. u. Ver.Bl. 91). — Elsaß-Lothringen: §§ 15—17 Ges. v. 4./11. 78 (Ges.Bl. 65).

58. Die Landgerichte werden mit einem Präsidenten und der erforderlichen Anzahl von Direktoren und Mitgliedern besetzt.[1]

[1] Sitze der Landgerichte: Preußen: §§ 2, 3 Ges. v. 4./3. 78 (Ges.Samml. 109), § 37 Ges. v. 24./4. 78 (Ges.Samml. 230), § 1 Ges. v. 12./2. 84 (Ges.Samml. 63), § 1 Ges. v. 3./4. 88 (Ges.Samml. 51). — Bayern: § 3 Verord. v. 2./4. 79 (Ges. u. Ver.Bl. 355). — Sachsen: § 3 Ges. v. 1./3. 79 (Ges. u. Ver.Bl. 59). — Würt-

temberg: Art. 6 Ges. v. 24./1. 79 (Reg.Bl. 3). § 2 Verordn. v. 15./5. 79 (Reg.Bl. 107). — Baden: § 1 Abs. 2 Ges. v. 3./3. 79 (Ges. u. Ver.Bl. 91), § 1 Verordn. v. 23./4. 79 (Ges. u. Ver.Bl. 279) § 1 Ges. v. 26./6. 90 (Ges. u. Ver.Bl. 485). — Elsaß-Lothringen: § 7 Ges. v. 4./11. 78 (Ges.Bl. 65).

1. Geschäftsvertheilung.

59. Bei den Landgerichten werden Civil- und Strafkammern gebildet.[1]

[1] Deren Zahl bestimmt die Landesjustizverwaltung. — Mitwirkung der Organe der Justizverwaltung bei der Geschäftsvertheilung in Preußen: Verf. v. 16./11. 79 (J.M.Bl. 454), v. 25./9. 80 (J.M.Bl. 221) u. v. 12./10. 82 (J.M.Bl. 306), in Bayern: Bekanntm. v. 12./10. 81 (J.M.Bl. 415).

60. Bei den Landgerichten[1] sind Untersuchungsrichter[2] nach Bedürfniß zu bestellen.

Die Bestellung erfolgt durch die Landesjustizverwaltung auf die Dauer eines Geschäftsjahres.[3]

[1] Nicht auch bei den detachirten Strafkammern: § 78. Pr. 358. — Beim Reichsgericht: § 184 St.P.O.

[2] Thätigkeit: § 182 St.P.O. — Vgl. auch: §§ 23, 27, 36 Abs. 2, 50 Abs. 3, 60 Abs. 3, 124 Abs. 2, 129, 135—195, 346, 348 St.P.O.

[3] Vgl. Anm. 1 zu § 20 E.G.

61.[1] Den Vorsitz im Plenum führt der Präsident, den Vorsitz in den Kammern führen der Präsident und die Direktoren.[2] Vor Beginn des Geschäftsjahres[3] bestimmt der Präsident die Kammer, welcher er sich anschließt. Ueber die Vertheilung des Vorsitzes in den übrigen Kammern entscheiden der Präsident und die Direktoren nach Stimmenmehrheit; im Falle der Stimmengleichheit giebt die Stimme des Präsidenten den Ausschlag.

[1] Die §§ 61—69 bezwecken, die Landgerichte vor Einwirkungen

der Landesjustizverwaltung zu sichern; die Landgerichte sollen die Vertheilung der Mitglieder in die Kammern und die der Geschäfte unter die Kammern selbständig bewirken. Pr. 335 ff.

[2] Außer in den Fällen der §§ 78, 109, 110 können ordentliche Vorsitzende der Kammern nur der Präsident und die definitiv ernannten Direktoren sein. R.G. XVIII, 11.

[3] Vgl. Anm. 1 zu § 20 E.G.

62. Vor Beginn des Geschäftsjahres werden auf die Dauer desselben die Geschäfte unter die Kammern derselben Art[1] vertheilt und die ständigen Mitglieder der einzelnen Kammern sowie für den Fall ihrer Verhinderung die regelmäßigen Vertreter bestimmt.[2] Jeder Richter kann zum Mitgliede mehrerer Kammern bestimmt werden.

Die getroffene Anordnung kann im Laufe des Geschäftsjahres nur geändert werden, wenn dies wegen eingetretener Ueberlastung einer Kammer oder in Folge Wechsels oder dauernder Verhinderung[3] einzelner Mitglieder des Gerichts erforderlich wird.

[1] D. h. die Civilsachen unter die Civilkammern, die Strafsachen unter die Strafkammern. — Vgl. Preuß. Verf. v. 12./10. 82 (J.M.Bl. 306).

[2] Es kann auch von vorn herein für den Fall der Ueberlastung der ordentlichen Kammern eine besondere Kammer vorgesehen und deren Geschäftskreis erst nachträglich vom Präsidium durch Zuweisung individuell bezeichneter Sachen bestimmt werden. R.G. XIX, 230.

[3] D. i. Behinderung von längerer Zeitdauer. R.G. XX, 386.

63. Die im vorstehenden Paragraphen bezeichneten Anordnungen erfolgen durch das Präsidium.[1]

Das Präsidium wird durch den Präsidenten als Vorsitzenden, die Direktoren und das dem Dienstalter nach, bei gleichem Dienstalter das der Geburt nach älteste Mitglied gebildet. Das Präsidium entscheidet nach Stimmenmehrheit; im Falle der Stimmengleichheit giebt die Stimme des Präsidenten den Ausschlag.

[1] §§ 69, 78.

64. Der Präsident kann bestimmen, daß einzelne Untersuchungen von dem Untersuchungsrichter, dessen Bestellung mit dem Ablaufe des Geschäftsjahres erlischt, zu Ende geführt werden, sowie daß in einzelnen Sachen, in welchen während des Geschäftsjahres eine Verhandlung bereits stattgefunden hat, die Kammer in ihrer früheren Zusammensetzung auch nach Ablauf des Geschäftsjahres verhandle und entscheide.

65. Im Falle der Verhinderung des ordentlichen Vorsitzenden führt den Vorsitz in der Kammer dasjenige[1] Mitglied der Kammer, welches dem Dienstalter nach und bei gleichem Dienstalter der Geburt nach das älteste ist.[2]

Der Präsident wird in seinen übrigen durch dieses Gesetz bestimmten Geschäften durch denjenigen Direktor vertreten, welcher dem Dienstalter nach und bei gleichem Dienstalter der Geburt nach der älteste ist.

[1] Ständige, R.G. I. 238, und welches wirkliches Mitglied des Gerichts ist. R.G. XVIII, 307.

[2] Der Vorsitzende, der den Vorsitz wegen Behinderung abgegeben hat, darf als Beisitzer fungiren. R.G. X, 318. Ebenso das zur Vertretung des Vorsitzenden berufene Mitglied, wenn es ebenfalls an der Wahrnehmung des Vorsitzes behindert ist. R.G. XVIII, 302.

66. Im Falle der Verhinderung des regelmäßigen Vertreters eines Mitgliedes[1] wird ein zeitweiliger Vertreter durch den Präsidenten bestimmt.

[1] Bezw. des Vorsitzenden. R.G. XVI, 416.

67. Die Bestimmungen der §§. 61—66 finden auf die Kammern für Handelssachen[1] keine Anwendung.

[1] §§ 100 ff.

68. Innerhalb der Kammer vertheilt der Vorsitzende die Geschäfte auf die Mitglieder.

69. Soweit die Vertretung eines Mitgliedes nicht durch ein Mitglied desselben Gerichts möglich ist, erfolgt die Anordnung derselben auf den Antrag des Präsidiums durch die Landesjustizverwaltung.

Die Beiordnung eines nicht ständigen Richters darf, wenn sie auf eine bestimmte Zeit erfolgte, vor Ablauf dieser Zeit, wenn sie auf unbestimmte Zeit erfolgte, so lange das Bedürfniß, durch welches sie veranlaßt wurde, fortdauert, nicht widerrufen werden.[1] Ist mit der Vertretung eine Entschädigung verbunden, so ist diese für die ganze Dauer im voraus festzustellen.[2]

Unberührt bleiben diejenigen landesgesetzlichen Bestimmungen, nach welchen richterliche Geschäfte nur von ständig angestellten Richtern wahrgenommen werden können, sowie diejenigen, welche die Vertretung durch ständig angestellte Richter regeln.[3]

[1] D. h. der Widerruf ist nicht ohne Zustimmung des Vertreters zulässig. Pr. 651, 759.

[2] Preußen: §§ 4, 5, 38 Ges. v. 24./4. 78 (Ges. Samml. 230). — Assessoren, welche Amtsrichter vertreten, dürfen in Preußen

in dieser Eigenschaft nicht auch als Hülfsrichter beim Landgericht zugezogen werden. R.G. III, 236. — Bayern: § 6 Verord. v. 27./4. 80 (Ges. u. Ver.Bl. 277). — Sachsen: § 22 Ges. v. 1./3. 79 (Ges. u. Ver.Bl. 59). Verord. v. 29./9. 79 (Ges. u. Ver.Bl. 299). — Württemberg: Art. 18 Ges. v. 24./1. 79 (Reg.Bl. 3). — Baden: § 12 Ges. v. 3./3. 79 (Ges. u. Ver.Bl. 91). — Elsaß-Lothringen: §§ 5, 15, Ges. v. 4./11. 78 (Ges.Bl. 65).

[3] Befähigung zu zeitweiliger Wahrnehmung richterlicher Geschäfte: § 10.

2. Zuständigkeit.[1]

[1] Ferner §§ 89, 91; auch Art. 222a R.Ges. v. 18./7. 84 (R.G.B. 156).

Civilkammern.

70. Vor die Civilkammern, einschließlich der Kammern für Handelssachen,[1] gehören alle bürgerlichen Rechtsstreitigkeiten, welche nicht den Amtsgerichten zugewiesen sind.[2]

Die Landgerichte sind ohne Rücksicht auf den Werth des Streitgegenstandes ausschließlich[3] zuständig:

1. für die Ansprüche, welche auf Grund des Gesetzes vom 1. Juni 1870 über die Abgaben von der Flößerei[4] oder auf Grund des Gesetzes über die Rechtsverhältnisse der Reichsbeamten vom 31. März 1873[5] gegen den Reichsfiskus erhoben werden;
2. für die Ansprüche gegen Reichsbeamte wegen Ueberschreitung ihrer amtlichen Befugnisse oder wegen pflichtwidriger Unterlassung von Amtshandlungen.[6]

Der Landesgesetzgebung bleibt überlassen, Ansprüche der Staatsbeamten[7] gegen den Staat aus ihrem

Dienstverhältnisse, Ansprüche gegen den Staat wegen Verfügungen der Verwaltungsbehörden, wegen Verschuldung von Staatsbeamten[8] und wegen Aufhebung von Privilegien, Ansprüche gegen Beamte[9] wegen Ueberschreitung ihrer amtlichen Befugnisse oder wegen pflichtwidriger Unterlassung von Amtshandlungen, sowie Ansprüche in Betreff öffentlicher Abgaben[10] ohne Rücksicht auf den Werth des Streitgegenstandes den Landgerichten ausschließlich zuzuweisen.[11]

1 Zuständigkeit dieser Kammern: § 101.

2 §§ 23, 24.

3 Ferner Art. 190a, 222 R.Ges. v. 18./7 84 (R.G.B. 139); § 22a R.Ges. v. 29./5. 85 (R.G.B. 176). §§ 49, 102, 105 R.Ges. v. 1./5. 89 (R.G.B. 67). Vgl. auch § 40 Abs. 2, § 509 Nr. 2 C.P.O.

4 § 2 des Ges. (B.G.B. 312).

5 §§ 144, 149, 153 des Ges. (R.G.B. 61).

6 § 154 R.Ges. v. 31./3. 73 (R.G.B. 61).

7 Oder ihrer Hinterbliebenen. R.G. XIV, 367.

8 Nicht solche aus privatrechtlichen, für den Staat durch Beamte abgeschlossenen Verträgen. R.G. XVIII, 169.

9 Auch Ansprüche gegen Gerichtsvollzieher wegen pflichtwidriger Ausführung des Zwangsvollstreckungsauftrags. R.G. XVII, 332. Dagegen nicht Ansprüche gegen Gerichtsvollzieher, welche lediglich auf dem civilrechtlichem Auftragsverhältnisse beruhen (Herausgabe des behufs Vollstreckung übergebenen Schuldtitels). R.G. XX, 388.

10 Begriff: R.G. XXI, 48. — Mögen sie auf Landesgesetz beruhen oder Reichsabgaben sein, welche von den Organen der Bundesstaaten erhoben werden. R.G. XI, 77, 97.

11 Preußen: § 39 Ges. v. 24./4. 78 (Ges.Samml. 230). — Bayern: Art. 26 Ges. v. 23./2. 79 (Ges. u. Ver.Bl. 273). — Sachsen: § 27 Ges. v. 1./3. 79 (Ges. u. Ver.Bl. 59). — Württemberg: Art. 8 Ges. v. 24./1. 79 (Reg.Bl. 3). — Baden:

§ 3 Ges. v. 3./3. 79 (Ges. u. Ver.Bl. 91). — Elsaß-Lothringen: § 16 Ges. v. 4./11. 78 (Ges.Bl. 65). — Vgl. übrigens § 11 E.G.

71. Die Civilkammern sind die Berufungs- und Beschwerdegerichte in den vor den Amtsgerichten[1] verhandelten bürgerlichen Rechtsstreitigkeiten.[2]

[1] Und Gewerbegerichten. § 55 R.Ges. v. 29./9. 90 (R.G.B. 154).

[2] Berufung: §§ 472 ff. C.P.O. Beschwerde: §§ 530 ff. C.P.O., auch §§ 4, 16, 47, 48, G.K.G., § 22 G.O. f. G.V., § 17 G.O. f. Z. u. S., §§ 35, 36 R.A.O., §§ 12, 53 G.O. f. R.A. — Jedoch: §§ 160, 183 G.V.G.

Strafkammern.

72. Die Strafkammern sind zuständig[1] für diejenigen die Voruntersuchung und deren Ergebnisse betreffenden Entscheidungen, welche nach den Vorschriften der Strafprozeßordnung von dem Gerichte zu erlassen sind;[2] sie entscheiden über Beschwerden gegen Verfügungen des Untersuchungsrichters und des Amtsrichters,[3] sowie gegen Entscheidungen der Schöffengerichte.[4] Die Bestimmungen über die Zuständigkeit des Reichsgerichts[5] werden hierdurch nicht berührt.

Die Strafkammern erledigen außerdem die in der Strafprozeßordnung den Landgerichten[6] zugewiesenen Geschäfte.

[1] Vgl. auch §§ 82, 83 Abs. 3, 98 Abs. 1, 90 Abs. 2.

[2] §§ 121 Abs. 2, 124 Abs. 2, 178, 195, 196, 199 Abs. 3, 200, 201, 202, 204, 205 Abs. 2, 208 Str.P.O. — § 56 G.V.G. — Ferner § 4 G.K.G., § 17 G.O. f. Z. u. S.

[3] § 346 St.P.O. — Jedoch §§ 160, 183 G.V.G.

[4] § 347 St.P.O. [5] § 138.

[6] §§ 27, Abs. 2, 183, 197, 207, 463 Abs. 2 St.P.O.; ferner die außerhalb der Hauptverhandlung zu erlassenden Entscheidungen

in allen Sachen, in denen die Strafkammern als erkennende Gerichte zuständig sind. Begr. 96. — Anders: §§ 89, 91 G.V.G.

73. Die Strafkammern sind als erkennende Gerichte zuständig:

1. für die Vergehen,[1] welche nicht zur Zuständigkeit der Schöffengerichte gehören;[2]
2. für diejenigen Verbrechen, welche mit Zuchthaus von höchstens fünf Jahren, allein oder in Verbindung mit anderen Strafen bedroht sind.[3] Diese Bestimmung findet nicht Anwendung in den Fällen der §§. 86,[4] 100[5] und 106[6] des Strafgesetzbuchs;
3. für die Verbrechen der Personen, welche zur Zeit der That das achtzehnte Lebensjahr noch nicht vollendet hatten;[7]
4. für das Verbrechen der Unzucht im Falle des §. 176 Nr. 3 des Strafgesetzbuchs;[8]
5. für die Verbrechen des Diebstahls in den Fällen der §§. 243 und 244 des Strafgesetzbuchs;[9]
6. für das Verbrechen der Hehlerei in den Fällen der §§. 260 und 261 des Strafgesetzbuchs;[10]
7. für das Verbrechen des Betruges im Falle des §. 264 des Strafgesetzbuchs.[11]

[1] Auf Grund des St.G.B., anderer Reichsgesetze oder der Landesgesetze: Pr. 173. § 1 Abs. 2 St.G.B. §§ 2, 5 E.G. zum St.G.B. [2] § 27 Nr. 2–8.

[3] Dies sind: Verleitung zum Meineid § 159; Doppelehe § 171; Blutschande § 173; Unzucht mit Schutzbefohlenen u. dgl. § 174; Verleitung zum Beischlaf durch Irrthumserregung § 179; schwere Kuppelei § 181; Abtreibung der Leibesfrucht § 218; schwere Körper=

verletzung § 224; Raufhandel § 227; schwere Erpressung § 254; Hehlerei bei schwerem Diebstahl und Raub § 258 Nr. 2; schwere Fälschung von Privaturkunden § 268 Nr. 1; schwere Körperverletzung durch Zerstörung von Wasserbauten § 321; passive Beamtenbestechung zu pflichtwidrigen Handlungen § 332; Beugung des Rechtes § 336; wissentliche Zusammensprechung verheiratheter Personen § 338; Erpressung von Aussagen durch Beamte § 343; Amtsmißbrauch, um Jemand der Strafe zu entziehen § 346; vorsätzliches Entweichenlassen Gefangener durch Beamte § 347 Abs. 1; schwere Prävarikation § 356 Abs. 2 St.G.B.; gewinnsüchtige Zuwiderhandlung gegen die zur Abwendung der Rinderpest erlassenen Viehеinfuhrverbote § 2 R.Ges. v. 21./5. 78 (R.G.B. 95); Herstellung 2c. 2c. von Sprengstoffen zu nicht erlaubten Zwecken § 8 R.Ges. v. 9./6. 84 (R.G.B. 61).

[4] Einfache Vorbereitung eines hochverrätherischen Unternehmens.

[5] Thätlichkeit gegen ein Mitglied eines fremden bundesfürstlichen Hauses.

[6] Gewaltsame Verhinderung des Mitgliedes einer gesetzgebenden Versammlung, am Versammlungsort zu erscheinen oder zu stimmen.

[7] §§ 1 Abs. 1, 56, 57 St.G.B.

[8] Mit Personen unter vierzehn Jahren.

[9] Schwerer Diebstahl und Diebstahl im zweiten Rückfall.

[10] Gewerbs- oder gewohnheitsmäßige Hehlerei oder Hehlerei im zweiten Rückfall.

[11] Betrug im zweiten Rückfall.

74. Die Strafkammern sind als erkennende Gerichte ausschließlich zuständig:

1. für Zuwiderhandlungen gegen das Gesetz vom 25. Oktober 1867, betreffend die Nationalität der Kauffahrteischiffe 2c.;
2. für die nach Artikel 206, 249 und 249a des Gesetzes vom 11. Juni 1870, betreffend die Kom-

manditgesellschaften auf Aktien und die Aktiengesellschaften, strafbaren Handlungen;[1]

3. für Zuwiderhandlungen gegen die Bestimmungen der §§. 1, 2 und 3 des Gesetzes vom 8. Juni 1871, betreffend die Inhaberpapiere mit Prämien;
4. für die nach §. 67 und §. 69 des Gesetzes vom 6. Februar 1875, betreffend die Beurkundung des Personenstandes ꝛc., strafbaren Handlungen;
5. für die nach §. 59 des Bankgesetzes vom 14. März 1875 strafbaren Handlungen.

[1] Diese Vorschriften sind durch das R.Ges. v. 18./7. 84 (R.G.B. 123) aufgehoben. Die neuen Strafandrohungen (Art. 249 bis 249 f.) überschreiten ohnehin die Zuständigkeit der Schöffengerichte und die Grenzen des § 75 Nr. 14.

75. Die Strafkammer kann bei Eröffnung des Hauptverfahrens[1] wegen der Vergehen:

1. des Widerstandes gegen die Staatsgewalt in den Fällen der §§. 113,[2] 114,[3] 117 Abs. 1[4] und des §. 120[5] des Strafgesetzbuchs;
2. wider die öffentliche Ordnung in den Fällen des §. 123 Abs. 3[6] und des §. 137[7] des Strafgesetzbuchs;
3. wider die Sittlichkeit im Falle des §. 183 des Strafgesetzbuchs;[8]
4. der Beleidigung[9] und der Körperverletzung[10] in den Fällen der nur auf Antrag eintretenden Verfolgung;[11]
5. der Körperverletzung im Falle des §. 223a des Strafgesetzbuchs;[12]

6. des Diebstahls im Falle des §. 242 des Strafgesetzbuchs;[13]
7. der Unterschlagung im Falle des §. 246 des Strafgesetzbuchs;[14]
8. der Begünstigung;[15]
9. der Hehlerei in den Fällen des §. 258 Nr. 1[16] und des §. 259[17] des Strafgesetzbuchs;
10. des Betruges im Falle des §. 263 des Strafgesetzbuchs;[18]
11. des strafbaren Eigennutzes in den Fällen der §§. 288[19] und 298[20] des Strafgesetzbuchs;
12. der Sachbeschädigung in den Fällen der §§. 303[21] und 304[22] des Strafgesetzbuchs

und

13. wegen der gemeingefährlichen Vergehen in den Fällen des §. 327 Abs. 1 und des §. 328 Abs. 1 des Strafgesetzbuchs;[23]

ferner

14. wegen derjenigen Vergehen, welche nur mit Gefängnißstrafe von höchstens sechs Monaten oder Geldstrafe von höchstens eintausendfünfhundert Mark, allein oder in Verbindung mit einander oder in Verbindung mit Einziehung[24] bedroht sind,[25] mit Ausnahme der in den §§. 128,[26] 271,[27] 296a,[28] 301,[29] 331[30] und 347[31] des Strafgesetzbuchs und der im §. 74 dieses Gesetzes bezeichneten Vergehen;

sowie

15. wegen solcher Zuwiderhandlungen gegen die Vor-

ſchriften über die Erhebung öffentlicher Abgaben und Gefälle, deren Strafe in dem mehrfachen Betrage einer hinterzogenen Abgabe oder einer anderen Leiſtung beſteht;

auf Antrag der Staatsanwaltſchaft die Verhandlung und Entſcheidung dem Schöffengerichte, ſoweit dieſes nicht ſchon zuſtändig iſt,[32] überweiſen, wenn nach den Umſtänden des Falles anzunehmen iſt, daß wegen des Vergehens auf keine andere und höhere Strafe, als auf die im §. 27 Nr. 2 bezeichnete und auf keine höhere Buße als ſechshundert Mark zu erkennen ſein werde.[33]

Beſchwerde findet nicht ſtatt.

Hat im Falle der Nr. 15 die Verwaltungsbehörde die öffentliche Klage erhoben,[34] ſo ſteht ihr der Antrag auf Ueberweiſung an das Schöffengericht in gleicher Weiſe wie der Staatsanwaltſchaft zu.

[1] §§ 201, 205 St.P.O.

[2] Widerſetzung gegen Vollſtreckungsbeamte.

[3] Unternehmen der Nöthigung von Behörden oder Beamten.

[4] Widerſetzung gegen Forſt- und Jagdbeamte.

[5] Befreiung Gefangener.

[6] Schwerer Hausfriedensbruch. [7] Arreſtbruch.

[8] Oeffentliche Erregung von Aergerniß durch unzüchtige Handlungen.

[9] §§ 185—187, 189, 194 St.G.B.

[10] Leichte vorſätzliche und alle fahrläſſigen.

[11] Geſchieht ſie im Wege der Privatklage: § 27 Nr. 3.

[12] Leichte gefährliche.

[13] Einfacher Diebſtahl. — Vgl. § 27 Nr. 4.

[14] Einfache Unterſchlagung. — Vgl. § 27 Nr. 5.

[15] § 257 St.G.B. — Vgl. § 27 Nr. 8.

[16] Hehlerei bei einfachem Diebstahl, einfacher Unterschlagung. — Vgl. § 27 Nr. 8.

[17] Partirerei. — Vgl. § 27 Nr. 8.

[18] Einfacher Betrug. — Vgl. § 27 Nr. 6.

[19] Beseitigung von Vermögensstücken bei drohender Zwangsvollstreckung.

[20] Entlaufen mit der Heuer oder Verbergung zur Entziehung vom Schiffsdienst.

[21] Einfache. [22] Schwere.

[23] Wissentliche Verletzung der Absperrungsmaßregeln gegen ansteckende Krankheiten oder Viehseuchen.

[24] Anm. 2 zu § 27.

[25] Auf Grund des St.G.B., anderer Reichsgesetze oder der Landesgesetze: Pr. 183, 207. § 1 Abs. 2 St.G.B. §§ 2, 5 E.G. zum St.G.B. — Aus dem St.G.B. sind es folgende: Auflauf § 116; Beschädigung von Bekanntmachungen der Behörden § 134; Beschädigung angelegter amtlicher Siegel § 136; Zuwiderhandlung gegen Kaiserliche Verordnungen zur Verhütung des Zusammenstoßens von Schiffen auf See § 145; Verleitung zur falschen eidesstattlichen Versicherung § 160; Ehebruch § 172; Verbreitung unzüchtiger Schriften § 184; Bedrohung mit einem Verbrechen § 241; Gestattung von Glücksspielen § 285; unbefugtes Jagen mit Schlingen u. dgl. § 293; unbefugtes Fischen und Krebsen zur Nachtzeit u. dgl. § 296; unbefugte Offenbarung von Privatgeheimnissen § 300; Beibehaltung der wegen Transportgefährdung oder Betriebsstörung bestraften Bahn- oder Telegraphenbeamten § 320; Vgl. § 27 Nr. 2.

[26] Theilnahme an einer geheimen Verbindung.

[27] Herbeiführung falscher Beurkundung.

[28] Unbefugtes Fischen durch Ausländer in deutschen Küstengewässern.

[29] Kreditgeben an Minderjährige.

[30] Passive Beamtenbestechung zu nicht pflichtwidrigen Handlungen.

[31] Abs. 2: fahrlässiges Entweichenlassen Gefangener durch Beamte.

[32] § 27.

[33] Das Schöffengericht ist befugt, auf eine höhere Gefängnißstrafe als drei Monate und auf eine höhere Geldstrafe als sechshundert Mark zu erkennen. Pr. 609.

[34] §§ 459—469 St.P.O.

76. Die Strafkammern sind als erkennende Gerichte ferner zuständig für die Verhandlung und Entscheidung über das Rechtsmittel der Berufung[1] gegen die Urtheile der Schöffengerichte.

[1] § 354 St.P.O.

3. Besetzung der Kammern.

77. Die Kammern entscheiden in der Besetzung von drei Mitgliedern mit Einschluß des Vorsitzenden. Die Strafkammern sind in der Hauptverhandlung mit fünf Mitgliedern,[1] in der Berufungsinstanz bei Uebertretungen und in den Fällen der Privatklage aber mit drei Mitgliedern einschließlich des Vorsitzenden zu besetzen.[2]

[1] Von denen nur zwei bei der Entscheidung über die Eröffnung des Hauptverfahrens (§ 201 St.P.O.) Theil genommen haben dürfen. § 23 Abs. 3 St.P.O.

[2] Der Untersuchungsrichter darf bei den Entscheidungen der Strafkammer nicht mitwirken. § 23 Abs. 2 St.P.O.

Strafkammern bei Amtsgerichten.

78. Durch Anordnung der Landesjustizverwaltung[1] kann wegen großer Entfernung des Landgerichtssitzes bei einem Amtsgerichte für den Bezirk eines oder mehrerer Amtsgerichte eine Strafkammer gebildet und derselben für diesen Bezirk die gesammte Thätigkeit der Strafkammer des Landgerichts oder ein Theil dieser Thätigkeit[2] zugewiesen werden.[3]

Die Besetzung einer solchen Strafkammer erfolgt

aus Mitgliedern des Landgerichts oder Amtsrichtern des Bezirks, für welchen die Kammer gebildet wird. Der Vorsitzende wird ständig, die Amtsrichter werden auf die Dauer des Geschäftsjahres[4] durch die Landesjustizverwaltung berufen, die übrigen Mitglieder werden nach Maßgabe des §. 62 durch das Präsidium des Landgerichts bezeichnet.[5]

[1] Preußen: Verf. v. 25./7. 79 (J.M.Bl. 207), v. 21./2., 19./8. u. 21./10. 82 (J.M.Bl. 31, 274, 321), v. 12./5. 84 (J.M.Bl. 93), v. 14./1. u. 2./7. 85 (J.M.Bl. 32 u. 230), v. 1./2. 89 (J.M.Bl. 46). — Im übrigen kann auch die Strafkammer des Landgerichts aus Zweckmäßigkeitsgründen die Abhaltung einzelner ihrer Sitzungen an einem anderen Orte des Landgerichtsbezirks beschließen. R.G. XI, 352.

[2] Nicht auch die in §§ 82—98 den Strafkammern übertragene Thätigkeit. Begr. 101.

[3] Diese Strafkammern sind im Sinne des § 394 St.P.O. selbstständige Gerichtskörper. R.G. XVII, 230.

[4] Vgl. Anm. 1 zu § 20 E.G.

[5] In Preußen kann die Justizverwaltung dem Vorsitzenden für Behinderungsfälle generell einen Vertreter bestellen. R.G. IX, 387.

Sechster Titel.

Schwurgerichte.

Ausführungsbestimmungen: Preußen: §§ 44, 45 Ges. v. 24./4. 78 (Ges.Samml. 230). — Bayern: Art. 34, 35 Ges. v. 23./2. 79 (Ges. u. Ver.Bl. 273). — Sachsen: § 26 Ges. v. 1./3. 79 (Ges. u. Ver.Bl. 59). — Württemberg: Art. 11—13 Ges. v. 24./1. 79 (Reg.Bl. 3). — Baden: § 6 Ges. v. 3./3. 79 (Ges. u. Ver.Bl. 91). — Elsaß-Lothringen: § 18 Ges. v. 4./11. 78 (Ges.Bl. 65).

79. Für die Verhandlung und Entscheidung von Strafsachen treten bei den Landgerichten periodisch[1] Schwurgerichte zusammen.

[1] Den Beginn der Sitzungsperiode bestimmt die Landesjustiz-

verwaltung, die Termine zur Hauptverhandlung der Vorsitzende. Pr. 652. § 212 St.P.O. Preußen: § 2 Verf. v. 22./7. 79 (J.M.Bl. 195). Baden: § 1 Verord. v. 26./8. 79 (Ges. u. Ver.Bl. 607). Verord. v. 12./10. 89 (Ges. u. Ver.Bl. 233).

1. Zuständigkeit.

80. Die Schwurgerichte sind zuständig für die Verbrechen, welche nicht zur Zuständigkeit der Strafkammern [1] oder des Reichsgerichts [2] gehören. [3]

[1] § 73. — Für das Verbrechen des Meineids ist das Schwurgericht auch dann zuständig, wenn bei der Eröffnung des Hauptverfahrens angenommen wird, daß die Voraussetzungen des § 157 Abs. 1 St.G.B. vorliegen. R.O. VIII, 177. [2] § 136 Nr. 1.

[3] Für die durch die Presse verübten strafbaren Handlungen gemäß § 6 E.G.

2. Besetzung.

81. Die Schwurgerichte bestehen aus drei richterlichen Mitgliedern mit Einschluß des Vorsitzenden und aus zwölf zur Entscheidung der Schuldfrage [1] berufenen Geschworenen.

[1] § 262 Abs. 2, 3 St.P.O.; und der Frage wegen mildernder Umstände. § 297 St.P.O.

82. Die Entscheidungen, welche nach den Vorschriften dieses Gesetzes [1] oder der Strafprozeßordnung [2] von dem erkennenden Gerichte zu erlassen sind, erfolgen in den bei den Schwurgerichten anhängigen Sachen durch die richterlichen Mitglieder des Schwurgerichts. Werden diese Entscheidungen außerhalb der Dauer der Sitzungsperiode erforderlich, so erfolgen sie durch die Strafkammern der Landgerichte. [3]

[1] §§ 56, 96, 178—180.

[2] §§ 27, 30, 50, 69, 77, 222, 227 Abs. 1, 230 Abs. 2, 241, 243 bis 246, 250 St.P.O.

[3] Nach Ablauf der Dauer der Sitzungsperiode kann die Einlegung der Revision oder Anbringung der Revisionsanträge nicht mehr bei dem Vorsitzenden des Schwurgerichts erfolgen. R.G. XIII, 156.

83. Der Vorsitzende des Schwurgerichts wird für jede Sitzungsperiode von dem Präsidenten des Oberlandesgerichts ernannt. Die Ernennung erfolgt aus der Zahl der Mitglieder des Oberlandesgerichts oder der zu dem Bezirke des Oberlandesgerichts gehörigen Landgerichte.

Der Stellvertreter des Vorsitzenden und die übrigen richterlichen Mitglieder werden von dem Präsidenten des Landgerichts aus der Zahl der Mitglieder des Landgerichts[1] bestimmt.

So lange die Ernennung des Vorsitzenden nicht erfolgt ist, erledigt der Vorsitzende der Strafkammer des Landgerichts die in der Strafprozeßordnung dem Vorsitzenden des Gerichts zugewiesenen Geschäfte.[2]

[1] Auch Direktoren können zu Beisitzern ernannt werden. R.G. III, 310.

[2] §§ 124 Abs. 3, 144, 199, 212, 218—220 St.P.O.

3. Amt der Geschworenen.

84. Das Amt eines Geschworenen ist ein Ehrenamt.[1] Dasselbe kann nur von einem Deutschen[2] versehen werden.

[1] Vgl. jedoch §§ 55, 96. — Verpflichtung zur Annahme: §§ 35, 56, 85, 96.

[2] § 1 ff. B.Ges. v. 1./6. 70 (B.G.B. 355).

Befähigung. Urliste.

85. Die Urliste für die Auswahl der Schöffen[1] dient zugleich als Urliste für die Auswahl der Geschworenen.

Die Vorschriften der §§. 32—35 über die Berufung zum Schöffenamte finden auch auf das Geschworenenamt[2] Anwendung.

[1] §§ 36—41.

[2] Sowohl auf Hauptgeschworene als auf Hülfsgeschworene. R.G. XII, 373.

Vorschlagsliste.

86. Die Zahl der für jedes Schwurgericht erforderlichen Geschworenen und die Vertheilung dieser Zahl auf die einzelnen Amtsgerichtsbezirke wird durch die Landesjustizverwaltung bestimmt.[1]

[1] Preußen: § 4 Verf. v. 22./7. 79 (J.M.Bl. 195). — Bayern: Nr. XIV Bekanntm. v. 1./8. 80 (J.M.Bl. 290). — Sachsen: § 9 Verord. v. 23./9. 79 (Ges. u. Ver.Bl. 375). — Württemberg: § 3 Verf. v. 16./6. 80 (Reg.Bl. 156). — Baden: § 13 Verord. v. 11./7. 79 (Ges. u. Ver.Bl. 325), Verord. v. 1./9. 81 (Ges. u. Ver.Bl. 251), v. 19./4. 84 (Ges. u. Ver.Bl. 117), u. v. 5./9. 90 (Ges. u. Ver.Bl. 535). — Elsaß-Lothringen: § 3 Verord. v. 13./6. 79 (Ges.Bl. 61). Verord. v. 20./3. 90 (Ges.Bl. 10).

87. Der alljährlich bei dem Amtsgerichte für die Wahl der Schöffen zusammentretende Ausschuß (§. 40) hat gleichzeitig[1] diejenigen Personen aus der Urliste auszuwählen, welche er zu Geschworenen für das nächste Geschäftsjahr vorschlägt. Die Vorschläge sind nach dem dreifachen Betrage der auf den Amtsgerichtsbezirk vertheilten Zahl der Geschworenen zu bemessen.

[1] § 42.

88. Die Namen der zu Geschworenen vorgeschlagenen Personen werden in ein Verzeichniß aufgenommen (Vorschlagsliste).

Jahresliste.

89. Die Vorschlagsliste wird nebst den Einsprachen, welche sich auf die in dieselbe aufgenommenen[1] Personen beziehen, dem Präsidenten des Landgerichts übersendet.

Der Präsident bestimmt eine Sitzung des Landgerichts, an welcher fünf Mitglieder mit Einschluß des Präsidenten und der Direktoren Theil nehmen. Das Landgericht entscheidet endgültig über die Einsprachen und wählt sodann aus der Vorschlagsliste[2] die für das Schwurgericht bestimmte Zahl von Hauptgeschworenen und Hülfsgeschworenen.

Als Hülfsgeschworene[3] sind solche Personen zu wählen, welche an dem Sitzungsorte des Schwurgerichts oder in dessen nächster Umgebung wohnen.[4]

[1] Die nicht aufgenommenen bleiben endgültig ausgeschlossen. Begr. 85.

[2] D. h. aus der Gesammtzahl der Geschworenen des ganzen Landgerichtsbezirks, ohne Rücksicht darauf, welchem Amtsgerichtsbezirk sie angehören. Begr. 107.

[3] § 280 St.P.O. [4] Vgl. § 98 Abs. 2.

90. Die Namen der Haupt- und Hülfsgeschworenen werden in gesonderte Jahreslisten aufgenommen.

Spruchliste.

91. Spätestens zwei Wochen vor Beginn der Sitzungen des Schwurgerichts[1] werden in öffentlicher Sitzung des Landgerichts, an welcher der Präsident und zwei Mitglieder Theil nehmen, in Gegenwart der Staatsanwaltschaft dreißig Hauptgeschworene ausgeloost. Das Loos wird von dem Präsidenten gezogen.

Auf Geschworene, welche in einer früheren Sitzungsperiode desselben Geschäftsjahres[2] ihre Verpflichtung erfüllt haben, erstreckt die Ausloosung sich nur dann, wenn dies von ihnen beantragt wird.

Ueber die Ausloosung wird von dem Gerichtsschreiber ein Protokoll aufgenommen.

[1] Anm. 1 zu § 79.

[2] Anm. 1 zu § 20 E.G. Wenn in einer Sitzungsperiode des vorangehenden Geschäftsjahres: § 35 Nr. 2.

92. Das Landgericht übersendet das Verzeichniß der ausgeloosten Hauptgeschworenen (Spruchliste) dem ernannten Vorsitzenden des Schwurgerichts.

93. Die in der Spruchliste verzeichneten Geschworenen werden auf Anordnung des für das Schwurgericht ernannten Vorsitzenden zur Eröffnungssitzung des Schwurgerichts unter Hinweis auf die gesetzlichen Folgen des Ausbleibens[1] geladen.[2]

Zwischen der Zustellung der Ladung und der Eröffnungssitzung soll thunlichst die Frist von einer Woche, jedoch mindestens von drei Tagen liegen.

[1] §§ 55, 96.

[2] Die Bildung der Geschworenenbank ist ein Theil der Hauptverhandlung. §§ 278—285 St.P.O.

94. Ueber die von Geschworenen geltend gemachten Ablehnungs- und Hinderungsgründe[1] erfolgt die Entscheidung nach Anhörung der Staatsanwaltschaft durch die richterlichen Mitglieder und, so lange das Schwurgericht nicht zusammengetreten ist, durch den ernannten Vorsitzenden des Schwurgerichts. Beschwerde findet nicht statt.

An Stelle der wegfallenden Geschworenen hat der Vorsitzende, wenn es noch geschehen kann, aus der Jahresliste durch Ausloosung[2] andere Geschworene auf die Spruchliste zu bringen und deren Ladung anzuordnen.[3] Ueber die Ausloosung wird von dem Gerichtsschreiber ein Protokoll aufgenommen.

[1] §§ 32—35, 91 Abs. 2, 97.

[2] Sie kann in öffentlicher Sitzung, ohne Mitwirkung der Beisitzer und der Staatsanwaltschaft geschehen. R.G. II, 312 und V, 21.

[3] Nach Zusammentritt des Schwurgerichts: § 280 St.P.O.

95. Erstreckt sich eine Sitzungsperiode des Schwurgerichts über den Endtermin des Geschäftsjahres[1] hinaus, so bleiben die Geschworenen, welche zu derselben einberufen sind, bis zum Schlusse der Sitzungen zur Mitwirkung verpflichtet.

[1] Anm. 1 zu § 20 E.G.

Allgemeine Bestimmungen.

96. Die Bestimmungen der §§. 55, 56 finden auch auf Geschworene Anwendung.

Die im §. 56 bezeichneten Entscheidungen werden in Bezug auf Geschworene von den richterlichen Mitgliedern des Schwurgerichts erlassen.

97. Niemand soll für dasselbe Geschäftsjahr als Geschworener und als Schöffe bestimmt werden.

Ist dieses dennoch geschehen, oder ist Jemand für dasselbe Geschäftsjahr in mehreren Bezirken zu diesen Aemtern bestimmt worden, so hat der Einberufene dasjenige Amt zu übernehmen, zu welchem er zuerst einberufen wird.

98. Die Strafkammer des Landgerichts kann be-

stimmen, daß einzelne Sitzungen des Schwurgerichts nicht am Sitze des Landgerichts, sondern an einem anderen Orte innerhalb des Schwurgerichtsbezirks abzuhalten seien.

In diesem Falle wird für diese Sitzungen von dem Landgerichte[1] eine besondere Liste von Hülfsgeschworenen gebildet.

[1] § 89.

99. Die Landesjustizverwaltung kann bestimmen, daß die Bezirke mehrerer Landgerichte zu einem Schwurgerichtsbezirke zusammengelegt und die Sitzungen des Schwurgerichts bei einem der Landgerichte abgehalten werden.[1]

In diesem Falle hat das Landgericht, bei welchem die Sitzungen des Schwurgerichts abgehalten werden, und der Präsident desselben die ihnen in den §§. 82—98 zugewiesenen Geschäfte für den Umfang des Schwurgerichtsbezirks wahrzunehmen.

Die Mitglieder des Schwurgerichts mit Einschluß des Stellvertreters des Vorsitzenden können aus der Zahl der Mitglieder der im Bezirke des Schwurgerichts belegenen Landgerichte bestimmt werden.

[1] Preußen: Vertrag v. 11./11. 78 (Ges.Samml. v. 1879 S. 216) und v. 30./3. 89 (Ges.Samml. 198). § 1 Verf. v. 22./7. 79 (J.M.Bl. 195). — Bayern: Bekanntm. v. 30./4. 79 (Ges. u. Ver.Bl. 609). — Baden: § 3 Ges. v. 23./4. 79 (Ges. u. Ver.Bl. 279).

Siebenter Titel.

Kammern für Handelssachen.

Ausführungsbestimmungen: Preußen: § 46 Ges. v. 24./4. 78 (Ges.Samml. 230). — Bayern: Art. 30 Ges. v. 23./2. 79 (Ges.

u. Ver.Bl. 273). Verord. v. 2./9. 79 (Ges. u. Ver.Bl. 1073). — Württemberg: Art. 21 Ges. v. 24./1. 79 (Reg.Bl. 3). — Baden: § 8 Ges. v. 3./3. 79 (Ges. u. Ver.Bl. 91). — Elsaß=Lothringen: §§ 19—21 Ges. v. 4./11. 78 (Ges.Bl. 65).

100. Soweit die Landesjustizverwaltung ein Bedürfniß als vorhanden annimmt, können bei den Landgerichten für deren Bezirke oder für örtlich abgegrenzte Theile derselben Kammern für Handelssachen gebildet werden.[1]

Solche Kammern können ihren Sitz innerhalb des Landgerichtsbezirks auch an Orten haben, an welchen das Landgericht seinen Sitz nicht hat.[2]

[1] Sitze der Kammern: Preußen: Verf. v. 26./7. 79 (J.M.Bl. 210), v. 20./9. 81 (J.M.Bl. 187), v. 15./2. 82 (J.M.Bl. 26) u. v. 12./5. 84 (J.M.Bl. 98). — Bayern: § 1 Verord. v. 2./9. 79 (Ges. u. Ver.Bl. 1073). — Sachsen: Nr. 5 Verord. v. 28./7. 79 (Ges. u. Ver.Bl. 235). — Württemberg: Verord. v. 15./5. 79 (Reg.Bl. 109). — Baden: § 4 Verord. v. 23./4. 79 (Ges. u. Ver.Bl. 279). Elsaß=Lothringen: § 8 Verord. v. 12./6. 79 (Ges.Bl. 61).

[2] In diesem Fall sind die Kammern als besondere Gerichtskörper anzusehen. Wird statt ihrer die Kammer für Handelssachen am Sitze des Landgerichts angerufen, so kann die Einrede der Unzuständigkeit des Gerichts (§ 247 C.P.O.) erhoben werden. R.G. XXIII, 377. — Vgl. auch Anm. 3 zu § 78. — Ein Amtsrichter kann Vorsitzender sein. § 110.

Zuständigkeit.

101.[1] Vor die Kammern für Handelssachen gehören nach Maßgabe der folgenden Vorschriften[2] diejenigen den Landgerichten in erster Instanz zugewiesenen[3] bürgerlichen Rechtsstreitigkeiten, in welchen durch die Klage ein Anspruch:

1. gegen einen Kaufmann (Art. 4 des Handelsgesetz=

buchs) aus Geschäften, welche auf Seiten beider Kontrahenten Handelsgeschäfte (Art. 271—276 des Handelsgesetzbuchs) sind;

2. aus einem Wechsel im Sinne der Wechselordnung;[4]

3. aus einem der nachstehend bezeichneten Rechtsverhältnisse geltend gemacht wird:

   a) aus dem Rechtsverhältnisse zwischen den Mitgliedern einer Handelsgesellschaft,[5] zwischen dem stillen Gesellschafter und dem Inhaber eines Handelsgewerbes,[6] zwischen den Theilnehmern einer Vereinigung zu einzelnen Handelsgeschäften[7] oder einer Vereinigung zum Handelsbetriebe (Art. 10 des Handelsgesetzbuchs), sowohl während des Bestehens als nach Auflösung des geschäftlichen Verhältnisses, sowie aus dem Rechtsverhältnisse zwischen den Liquidatoren[8] oder den Vorstehern[9] einer Handelsgesellschaft und der Gesellschaft oder den Mitgliedern der Gesellschaft;

   b) aus dem Rechtsverhältnisse, welches das Recht zum Gebrauche der Handelsfirma[10] betrifft;

   c) aus den Rechtsverhältnissen, welche sich auf den Schutz der Marken,[11] Muster und Modelle[12] beziehen;

   d) aus dem Rechtsverhältnisse, welches durch die Veräußerung eines bestehenden Handelsgeschäfts zwischen den Kontrahenten entsteht;[13]

e) aus dem Rechtsverhältnisse zwischen dem Prokuristen,[14] dem Handlungsbevollmächtigten[15] oder Handlungsgehülfen[16] und dem Eigenthümer der Handelsniederlassung, sowie aus dem Rechtsverhältnisse zwischen einer dritten Person und demjenigen, welcher ihr als Prokurist oder Handlungsbevollmächtigter aus einem Handelsgeschäfte haftet (Art. 55 des Handelsgesetzbuchs);

f) aus dem Rechtsverhältnisse, welches aus den Berufsgeschäften des Handelsmäklers im Sinne des Handelsgesetzbuchs[17] zwischen diesem und den Parteien entsteht;

g) aus den Rechtsverhältnissen des Seerechts,[18] insbesondere aus denjenigen, welche auf die Rhederei, die Rechte und Pflichten des Rheders, des Korrespondentrheders und der Schiffsbesatzung, auf die Bodmerei und die Haverei, auf den Schadensersatz im Falle des Zusammenstoßens von Schiffen, auf die Bergung und Hülfeleistung in Seenoth und auf die Ansprüche der Schiffsgläubiger sich beziehen.

[1] § 13 B.Ges. v. 12./6. 99 (B.G.B. 201).
[2] §§ 102—108. Ferner: § 22a R.Ges. v. 29./5. 85 (R.G.B. 176).
[3] § 70. [4] Art. 4, 96 W.O.
[5] Art. 90 ff., 157 ff., 186 ff., 216 ff. H.G.B.
[6] Art. 250 ff. H.G.B. [7] Art. 266 ff. H.G.B.
[8] Art. 133 ff., 172, 205 H.G.B.
[9] Art. 227 ff. H.G.B. [10] Art. 15 ff. H.G.B.

[11] R.Ges. v. 30./11. 74 (R.G.B. 143).
[12] R.Ges. v. 11./1. 76 (R.G.B. 11).
[13] Art. 22, 23 H.G.B. [14] Art. 41 H.G.B.
[15] Art. 47 H.G.B. [16] Art. 57 H.G.B.
[17] Art. 66 ff. H.G.B.
[18] Art. 432 ff. H.G.B. Seemannsord. v. 27./12. 72 (R.G.B. 409), §§ 39, 44 Strandungsordn. v. 17./5. 74 (R.G.B. 81).

102. Die Verhandlung des Rechtsstreits erfolgt vor der Kammer für Handelssachen, wenn der Kläger dies in der Klageschrift beantragt hat. Die Einlassungsfrist (§. 234 Satz 1 der Civilprozeßordnung) beträgt mindestens[1] zwei Wochen.[2]

In den Fällen der §§. 466, 467 der Civilprozeßordnung hat der Kläger den Antrag auf Verhandlung vor der Kammer für Handelssachen in der mündlichen Verhandlung vor dem Amtsgerichte zu stellen.

[1] Abkürzung: § 204 C.P.O. — In Wechselsachen: § 567 Abs. 2.
[2] § 200 C.P.O.

103. Wird vor der Kammer für Handelssachen eine vor dieselbe nicht gehörige Klage zur Verhandlung gebracht, so ist der Rechtsstreit auf Antrag des Beklagten an die Civilkammer zu verweisen.[1]

Gehört die Klage oder die im Falle des §. 467 der Civilprozeßordnung erhobene Widerklage[2] als Klage nicht vor die Kammer für Handelssachen, so ist diese auch von Amtswegen befugt, den Rechtsstreit an die Civilkammer zu verweisen, so lange nicht eine Verhandlung zur Hauptsache erfolgt[3] und auf dieselbe ein Beschluß verkündet ist. Die Verweisung von Amtswegen kann nicht aus dem Grunde erfolgen daß der Beklagte nicht Kaufmann ist.

[1] Gebühren des Gerichts (frei): § 47 Nr. 3 G.K.G., des Anwalts (3/10): § 23 Nr. 1, vgl. jedoch auch § 29 Nr. 6 G.O. f. R.A.

[2] Nach §§ 103—105 gilt, wenn Klage und Widerklage erhoben sind, folgendes: die Kammer für Handelssachen ist zuständig, wenn die Klage (erweiterte Klage, Präjudizialinzidentklage) und die Widerklage (Präjudizialinzidentwiderklage) nach § 101 vor sie gehören. Gehört nur die eine oder die andere vor die Kammer für Handelssachen, so ist die Civilkammer zuständig. Die Kammer für Handelssachen und die Civilkammer müssen auf Antrag, die erstere kann auch von Amtswegen ihre Unzuständigkeit aussprechen.

[3] Dazu gehört nicht die Verhandlung über prozeßhindernde Einreden. § 247 C.P.O.

104. Wird vor der Civilkammer eine vor die Kammer für Handelssachen gehörige Klage zur Verhandlung gebracht, so ist der Rechtsstreit auf Antrag des Beklagten an die Kammer für Handelssachen zu verweisen. Ein Beklagter, welcher nicht in das Handelsregister eingetragen ist, kann den Antrag nicht darauf stützen, daß er Kaufmann ist.

Der Antrag ist zurückzuweisen, wenn die im Falle des §. 467 der Civilprozeßordnung erhobene Widerklage als Klage vor die Kammer für Handelssachen nicht gehören würde.

Zu einer Verweisung von Amtswegen ist die Civilkammer nicht befugt.

Die Civilkammer ist zur Verwerfung des Antrags auch dann befugt, wenn der Kläger demselben zugestimmt hat.[1]

[1] Gebühren: Anm. 1 zu § 103.

105. Wird in einem bei der Kammer für Handelssachen anhängigen Rechtsstreite die Klage in Gemäßheit des §. 253 der Civilprozeßordnung durch den Antrag auf Feststellung eines Rechtsverhältnisses erweitert oder eine Widerklage erhoben und gehört die erweiterte Klage oder die Widerklage als Klage nicht vor die Kammer für Handelssachen, so ist der Rechtsstreit auf Antrag des Gegners an die Civilkammer zu verweisen.

Unter der Beschränkung des §. 103 Abs. 2 ist die Kammer zu der Verweisung auch von Amtswegen befugt. Diese Befugniß tritt auch dann ein, wenn durch eine Klagänderung[1] ein Anspruch geltend gemacht wird, welcher nicht vor die Kammer für Handelssachen gehört.[2]

[1] §§ 235 Nr. 3, 240 C.P.O. [2] Gebühren: Anm. 1 zu § 103.

106. Der Antrag auf Verweisung des Rechtsstreits an eine andere Kammer ist nur vor der Verhandlung des Antragstellers zur Sache[1] zulässig.

Ueber den Antrag ist vorab zu verhandeln und zu entscheiden.

[1] § 128 Abs. 1 u. Anm. 1 zu § 299 C.P.O. Dazu gehört auch die Verhandlung über prozeßhindernde Einreden.

107. Gegen die Entscheidung über Verweisung eines Rechtsstreits an die Civilkammer oder an die Kammer für Handelssachen findet kein Rechtsmittel statt. Erfolgt die Verweisung an eine andere Kammer, so ist diese Entscheidung für die Kammer, an welche der Rechtsstreit verwiesen wird, bindend.[1] Der Termin zur weiteren mündlichen Verhandlung wird von Amtswegen bestimmt und den Parteien bekannt gemacht.

[1] Doch können durch Erweiterung der Klage, Erhebung einer Präjudizialinzidentklage, Widerklage neue Momente eintreten, welche eine Zurückverweisung nöthig machen.

108. Bei der Kammer für Handelssachen kann ein Anspruch in Gemäßheit des §. 61 der Civilprozeßordnung nur dann geltend gemacht werden, wenn der Rechtsstreit nach den Bestimmungen des §. 101 vor die Kammer für Handelssachen gehört.

Besetzung der Kammern.

109. Die Kammern für Handelssachen entscheiden in der Besetzung mit einem Mitgliede des Landgerichts als Vorsitzenden und zwei Handelsrichtern.

Sämmtliche Mitglieder der Kammer für Handelssachen haben gleiches Stimmrecht.

In Streitigkeiten, welche sich auf das Rechtsverhältniß zwischen Rheder[1] oder Schiffer[2] und Schiffsmannschaft[3] beziehen, kann die Entscheidung durch den Vorsitzenden allein erfolgen.[4]

[1] Art. 450 H.G.B.

[2] Art. 478 H.G.B. § 2 Seemannsord. v. 27./12. 72 (R.G.B. 409).

[3] Art. 528 H.G.B. § 3 Seemannsordnung.

[4] Die Zuziehung der Handelsrichter hängt vom Ermessen des Vorsitzenden ab. Pr. 522. Pr. zur C.P.O. 495.

110. Im Falle des §. 100 Abs. 2 kann ein Amtsrichter Vorsitzender der Kammer für Handelssachen sein.

Amt der Handelsrichter.

111. Das Amt der Handelsrichter ist ein Ehrenamt.

112. Die Handelsrichter werden auf gutachtlichen Vorschlag des zur Vertretung des Handelsstandes berufenen Organs[1] für die Dauer von drei Jahren ernannt;[2] eine wiederholte Ernennung ist nicht ausgeschlossen.

[1] Preußen: § 61 Ges. v. 24./2. 70 (G.S. 134), Verf. v. 26./7. 79 (J.M.Bl. 211) u. v. 15./6. 85 (J.M.Bl. 185). Baden: Bekanntm. u. Verord. v. 30./11 89 (Ges. u. Ver.Bl. 468, 470).

[2] Reichsgesetzlich besteht kein Zwang zur Annahme dieses Amtes.

113. Zum Handelsrichter kann jeder Deutsche[1] ernannt werden, welcher als Kaufmann oder als Vorstand einer Aktiengesellschaft in das Handelsregister eingetragen oder eingetragen gewesen ist, das dreißigste Lebensjahr vollendet hat und in dem Bezirke der Kammer für Handelssachen wohnt.

Personen, welche in Folge gerichtlicher Anordnung in der Verfügung über ihr Vermögen beschränkt sind, können nicht zu Handelsrichtern ernannt werden.[2]

[1] §§ 1 ff. B.Ges. v. 1./6. 70. (B.G.B. 355).

[2] §§ 593, 621 C.P.O. §§ 98, 100 K.O. — Ebenso wenig Personen, welche gemäß §§ 31, 33—35 St.G.B. bestraft sind.

114. An Seeplätzen können Handelsrichter auch aus dem Kreise der Schifffahrtskundigen ernannt werden.

115. Die Handelsrichter sind vor ihrem Amtsantritte auf die Erfüllung der Obliegenheiten des ihnen übertragenen Amts eidlich zu verpflichten.[1]

[1] Preußen: Verf. v. 29./5. 84 (J.M.Bl. 108).

116. Die Handelsrichter haben während der Dauer ihres Amts in Beziehung auf dasselbe alle Rechte und Pflichten richterlicher Beamten.[1]

[1] Sowohl bezüglich ihres amtlichen, als ihres außeramtlichen Verhaltens. Begr. 137.

117. Ein Handelsrichter ist seines Amts zu entheben, wenn er eine der für die Ernennung erforderlichen Eigenschaften nachträglich verliert.[1]

Die Enthebung erfolgt durch den ersten Civilsenat des Oberlandesgerichts nach Anhörung des Betheiligten.

[1] Ferner, wenn er die in § 116 ihm auferlegten Pflichten verletzt. Pr. zur C.P.O. 495.

118. Ueber Gegenstände, zu deren Beurtheilung eine kaufmännische Begutachtung genügt, sowie über das Bestehen von Handelsgebräuchen kann die Kammer für Handelssachen auf Grund eigener Sachkunde und Wissenschaft entscheiden.[1]

[1] Den Berufungsrichter bindet eine solche Entscheidung nicht. R.G. X, 92.

Achter Titel.

Oberlandesgerichte.

Ausführungsbestimmungen: Preußen: §§ 47—57 Ges. v. 24./4. 78. (Ges.Samml. 230). — Bayern: Art. 36—41 Ges. v. 23./2. 79 (Ges. u. Ver.Bl. 273). — Sachsen: §§ 2, 9—11 Ges. v. 1./3. 79 (Ges. u. Ver.Bl. 59). — Württemberg: Art. 14, 16 Ges. v. 24./1. 79 (Reg.Bl. 3). — Elsaß-Lothringen: §§ 7, 22 Ges. v. 4./11. 78 (Ges.Bl. 65).

119. Die Oberlandesgerichte werden mit einem Präsidenten und der erforderlichen Anzahl von Senatspräsidenten und Räthen besetzt.[1]

[1] Sitze der Oberlandesgerichte: Preußen: § 1 Ges. v. 4./3. 78 (Ges.Samml. 109). — Bayern: § 2 Verord. v. 2./4. 79 (Ges. u. Ver.Bl. 355). — Sachsen: § 2 Ges. v. 1./3. 79 (Ges. u. Ver.Bl. 59). — Württemberg: Art. 14 Ges. v. 24./1. 79 (Reg.Bl. 3). § 3 Verord. v. 15./5. 79 (Reg.Bl. 107). — Baden: § 1 Ges. v. 3./3. 79 (Ges. u. Ver.Bl. 91). — Elsaß-Lothringen: § 7 Ges. v. 4./11. 78 (Ges.Bl. 65).

Geschäftsvertheilung.

120. Bei den Oberlandesgerichten werden Civil- und Strafsenate gebildet.[1]

[1] Deren Zahl bestimmt die Landesjustizverwaltung. — Elsaß-Lothringen: Verord. v. 29./4 80 (Ges.Bl. 121).

121. Die Bestimmungen der §§. 61—68 finden mit der Maßgabe Anwendung, daß zu dem Präsidium stets die beiden ältesten Mitglieder des Gerichts zuzuziehen sind.

122. Zu Hülfsrichtern dürfen nur ständig angestellte Richter berufen werden.

Zuständigkeit.

123. Die Oberlandesgerichte sind zuständig[1] für die Verhandlung und Entscheidung über die Rechtsmittel:

1. der Berufung gegen die Endurtheile der Landgerichte in bürgerlichen Rechtsstreitigkeiten;[2]
2. der Revision gegen Urtheile der Strafkammern in der Berufungsinstanz;[3]
3. der Revision gegen Urtheile der Strafkammern in erster Instanz, sofern die Revision ausschließlich auf die Verletzung einer in den Landesgesetzen enthaltenen Rechtsnorm gestützt wird;[4]
4. der Beschwerde gegen Entscheidungen der Landgerichte in bürgerlichen Rechtsstreitigkeiten;[5]
5. der Beschwerde gegen strafrichterliche Entscheidungen erster Instanz,[6] soweit nicht die Zuständigkeit der Strafkammer begründet ist,[7] und gegen Entscheidungen der Strafkammern in der Beschwerdeinstanz[8] und Berufungsinstanz.[9]

[1] Ferner: §§ 117 Abs. 2, 160, 183 Abs. 3 G.V.G. § 170 St.P.O. — Auch §§ 9, 10, 12, 47, 59, 61, 69, 89 R.A.O.

[2] Welche von den Landgerichten in erster Instanz erlassen sind. § 472 C.P.O.

[3] §§ 354, 374, 380 St.P.O. § 9 E.G.

[4] § 384 St.P.O. — Vgl. § 136 Nr. 2.

[5] §§ 330, 331 C.P.O. §§ 4, 16, 47, 68 G.K.G. § 22 G.O. f. G.V. § 17 G.O. f. Z. u. S. §§ 12, 53 G.O. f. R.A.

[6] §§ 346, 347 St.P.O. § 96 G.V.G. § 9 E.G. — § 4 G.K.G. § 17 G.O. f. Z. u. S.

[7] § 72. [8] Weitere Beschwerde. § 352 St.P.O.

[9] § 354 St.P.O.

Besetzung der Senate.

124. Die Senate der Oberlandesgerichte entscheiden in der Besetzung von fünf Mitgliedern mit Einschluß des Vorsitzenden.

Neunter Titel.

Reichsgericht.

125. Der Sitz des Reichsgerichts wird durch Gesetz bestimmt.[1]

[1] Gesetz über den Sitz des Reichsgerichts. Vom 11. April 1877 (R.G.B. 415).

1. Auf denjenigen Bundesstaat, in dessen Gebiet das Reichsgericht seinen Sitz hat, findet § 8 des Einführungsgesetzes zum Gerichtsverfassungsgesetz keine Anwendung.
2. Das Reichsgericht erhält seinen Sitz in Leipzig.

126. Das Reichsgericht wird mit einem Präsidenten und der erforderlichen Anzahl von Senatspräsidenten und Räthen besetzt.

Anstellung und Dienstverhältnisse der Richter.[1]

[1] Vgl. §§ 3, 6, 23—26 B.Ges. v. 12./6. 69 (B.G.B. 201).

127. Der Präsident, die Senatspräsidenten und Räthe werden auf Vorschlag des Bundesraths von dem Kaiser ernannt.

Zum Mitgliede des Reichsgerichts kann nur ernannt werden, wer die Fähigkeit zum Richteramte in einem Bundesstaate erlangt[1] und das fünfunddreißigste Lebensjahr vollendet hat.

[1] §§ 2, 4, 5.

128. Ist ein Mitglied zu einer Strafe wegen einer entehrenden Handlung[1] oder zu einer Freiheitsstrafe von längerer als einjähriger Dauer rechtskräftig verurtheilt, so kann dasselbe durch Plenarbeschluß des Reichsgerichts seines Amts und seines Gehalts für verlustig erklärt werden.

Vor der Beschlußfassung sind das Mitglied und der Ober-Reichsanwalt[2] zu hören.

[1] Voraussetzung ist nicht, daß auf eine entehrende Strafe, Verlust der bürgerlichen Ehrenrechte, erkannt sei. Begr. 145.

[2] § 143 Nr. 16.

129. Ist wegen eines Verbrechens oder Vergehens das Hauptverfahren[1] gegen ein Mitglied eröffnet, so kann die vorläufige Enthebung desselben von seinem Amte nach Anhörung des Ober-Reichsanwalts[2] durch Plenarbeschluß des Reichsgerichts ausgesprochen werden.

Wird gegen ein Mitglied die Untersuchungshaft verhängt, so tritt für die Dauer derselben die vorläufige Enthebung von Rechtswegen ein.

Durch die vorläufige Enthebung wird das Recht auf den Genuß des Gehalts nicht berührt.

[1] § 201 St.P.O. [2] § 143 Nr. 1.

130. Wenn ein Mitglied durch ein körperliches Gebrechen oder durch Schwäche seiner körperlichen oder geistigen Kräfte zur Erfüllung seiner Amtspflichten dauernd unfähig wird, so tritt seine Versetzung in den Ruhestand gegen Gewährung eines Ruhegehalts ein.

Das jährliche Ruhegehalt beträgt bis zur Vollendung des zehnten Dienstjahres $^{20}/_{60}$ des Gehalts; es erhöht sich mit der Vollendung eines jeden folgenden Dienstjahres und bis zur Vollendung des fünfzigsten Dienstjahres um je $^{1}/_{60}$ des Gehalts.

Bei Berechnung der Dienstzeit wird die Zeit mitgerechnet, während welcher das Mitglied sich im Dienste des Reichs oder im Staats- oder Gemeindedienste eines Bundesstaates befunden oder in einem Bundesstaate als Anwalt, Advokat, Notar, Patrimonialrichter oder als öffentlicher Lehrer des Rechts an einer deutschen[1] Universität fungirt hat.

[1] Anm. 4 zu § 2.

131. Wird die Versetzung eines Mitgliedes in den Ruhestand nicht beantragt, obgleich die Voraussetzungen derselben vorliegen, so hat der Präsident die Aufforderung zu erlassen, binnen einer bestimmten Frist den Antrag zu stellen. Wird dieser Aufforderung nicht Folge geleistet, so ist die Versetzung in den Ruhestand durch Plenarbeschluß des Reichsgerichts auszusprechen.

Vor der Beschlußfassung sind das Mitglied und der Ober-Reichsanwalt[1] zu hören.

[1] § 143 Nr. 1.

Geschäftsvertheilung.

132. Bei dem Reichsgerichte werden Civil- und Straffenate gebildet.[1] Die Zahl derselben bestimmt der Reichskanzler.

[1] Das Plenum entscheidet nur in den Fällen der §§ 128, 129, 131, 137, 141.

133. Die Bestimmungen der §§. 61—68 finden mit der Maßgabe Anwendung, daß zu dem Präsidium[1] die vier ältesten Mitglieder des Gerichts zuzuziehen sind.

[1] Fernere Geschäfte des Präsidiums: § 90 Abs. 3, § 99 R.A.O.

134. Die Zuziehung von Hülfsrichtern ist unzulässig.

Zuständigkeit.[1]

[1] Fernere Zuständigkeit: § 1 R.Ges. v. 16./6. 79 (R.G.B. 157), unten S. 107; R.Ges. betr. die Zuständigkeit des Reichsgerichts für Streitfragen zwischen dem Senat und der Bürgerschaft der freien und Hansestadt Hamburg v. 14./3. 81 (R.G.B. 37).

135. In bürgerlichen Rechtsstreitigkeiten ist das Reichsgericht zuständig[1] für die Verhandlung und Entscheidung über die Rechtsmittel:

1. der Revision gegen die Endurtheile der Oberlandesgerichte;[2]
2. der Beschwerde gegen Entscheidungen der Oberlandesgerichte.[3]

[1] Ferner in den Fällen des § 9 E.G. zur C.P.O., § 36 C.P.O., § 3 Abs. 2, § 11 Nr. 2, §§ 14, 15, 17 Abs. 1 E.G. zum G.V.G., § 160 G.V.G., §§ 18, 36, 43, 50 Ges. v. 10./7. 79 unten S. 116.

[2] § 507 C.P.O. [3] §§ 530, 540 C.P.O.

136. In Strafsachen ist das Reichsgericht zuständig:[1]

1. für die Untersuchung und Entscheidung in erster und letzter Instanz in den Fällen des Hochverraths und des Landesverraths, insofern diese Ver-

brechen gegen den Kaiser oder das Reich gerichtet sind;[2]

2. für die Verhandlung und Entscheidung über die Rechtsmittel der Revision[3] gegen Urtheile der Strafkammern in erster Instanz, insoweit nicht die Zuständigkeit der Oberlandesgerichte begründet ist,[4] und gegen Urtheile der Schwurgerichte.

In Strafsachen wegen Zuwiderhandlungen gegen die Vorschriften über die Erhebung öffentlicher in die Reichskasse fließender Abgaben und Gefälle ist das Reichsgericht auch für die Verhandlung und Entscheidung über das Rechtsmittel der Revision gegen Urtheile der Strafkammern in der Berufungsinstanz zuständig, sofern die Entscheidung des Reichsgerichts von der Staatsanwaltschaft bei der Einsendung der Akten an das Revisionsgericht beantragt wird.[5]

[1] Ferner in den Fällen der §§ 9, 12 Abs. 2, 13 Abs. 2, 3, §§ 14, 15, 19 St.P.O., § 11 Nr. 2, §§ 14, 15 E.G. zum G.V.G. § 160 G.V.G. §§ 18, 50 Ges. v. 10./7. 79 unten S. 116.

[2] §§ 80—93 St.G.B. — Vgl. Art. 74, 75 Verf. des Deutschen Reichs v. 16./4. 71 (B.G.B. 84). — Begnadigungsrecht für diese Sachen: § 484 St.P.O.

[3] § 374 St.P.O. — Für die Entscheidung über die Beschwerde in Strafsachen sind die Oberlandesgerichte in letzter Instanz zuständig: § 123 Nr. 5 G.V.G., §§ 346 Abs. 3, 352 Abs. 2 St.P.O. Pr. 719, 720.

[4] § 123 Nr. 3.

[5] § 387 Abs. 2 St.P.O. — Die Staatsanwaltschaft kann den Antrag selbst dann stellen, wenn die Revision weder von ihr noch gegen sie, sondern von der Verwaltungsbehörde als Nebenklägerin eingelegt ist. R.G. VII, 327.

137.[1] Will in einer Rechtsfrage ein Civilsenat[2] von der Entscheidung[3] eines anderen Civilsenats[4] oder der vereinigten Civilsenate, oder ein Strafsenat[2] von der Entscheidung[3] eines anderen Strafsenats[4] oder der vereinigten Strafsenate abweichen, so ist über die streitige Rechtsfrage im ersteren Falle eine Entscheidung der vereinigten Civilsenate, im letzteren Falle eine solche der vereinigten Strafsenate einzuholen.

Einer Entscheidung der Rechtsfrage durch das Plenum bedarf es, wenn ein Civilsenat[2] von der Entscheidung[3] eines Strafsenats oder der vereinigten Strafsenate oder ein Strafsenat[2] von der Entscheidung[3] eines Civilsenats oder der vereinigten Civilsenate, oder ein Senat von der früher eingeholten Entscheidung des Plenums abweichen will.[5]

Die Entscheidung der Rechtsfrage durch die vereinigten Senate oder das Plenum ist in der zu entscheidenden Sache bindend. Sie erfolgt in allen Fällen ohne vorgängige mündliche Verhandlung.

Vor der Entscheidung der vereinigten Strafsenate oder derjenigen des Plenums, sowie in Ehe- und Entmündigungssachen ist der Ober-Reichsanwalt mit seinen schriftlichen Anträgen zu hören.

Soweit die Entscheidung der Sache eine

vorgängige mündliche Verhandlung erfordert, erfolgt dieselbe durch den erkennenden Senat auf Grund einer erneuten mündlichen Verhandlung, zu welcher die Prozeßbetheiligten von Amtswegen unter Mittheilung der ergangenen Entscheidung der Rechtsfrage zu laden sind.

[1] Die neue Fassung beruht auf dem R.Ges. v. 17./3. 86 (R.G.B. 61). — Vgl. auch § 9 B.Ges. v. 12./6. 69 (B.G.B. 201). — Die neue Fassung gilt für die vom Reichsgericht zu entscheidenden Prozesse auch dann, wenn dieselben schon vor dem Inkrafttreten des Ges. v. 17./3. 86 anhängig geworden oder an die vereinigten Senate verwiesen sind. R.G. XVI, 398, XIX, 417.

[2] Oder der Feriensenat (§ 203), je nachdem er an Stelle eines Civilsenats oder Strafsenats in Wirksamkeit tritt. R. G. XIX, 414.

[3] Vorausgesetzt wird immer, daß die abweichende Rechtsansicht zur wesentlichen Grundlage der früheren bezw. jetzigen Entscheidung gehört, es sich also nicht blos um beiläufige Bemerkungen handelt. R.G. XXVI, 431, 433.

[4] Nicht auch, wenn ein Senat von einer früheren Entscheidung desselben Senats abweichen will.

[5] Nämlich in der Rechtsfrage R.G. XXII, 104.

138. Der erste Strafsenat des Reichsgerichts hat bei den im §. 136 Nr. 1 bezeichneten Verbrechen diejenigen Geschäfte zu erledigen, welche im §. 72 Abs. 1 der Strafkammer des Landgerichts zugewiesen sind.[1]

Das Hauptverfahren findet vor dem vereinigten zweiten und dritten Strafsenate statt.

139.[1] Zur Fassung von Plenarentscheidungen und von Entscheidungen der vereinigten Civil- oder Strafsenate, sowie der beiden vereinigten Strafsenate ist die Theilnahme von mindestens zwei Drittheilen aller

Mitglieder mit Einschluß des Vorsitzenden erforderlich.

Die Zahl der Mitglieder, welche eine entscheidende Stimme führen, muß eine ungerade sein. Ist die Zahl der anwesenden Mitglieder eine gerade, so hat derjenige Rath, welcher zuletzt ernannt ist, und bei gleichem Dienstalter derjenige, welcher der Geburt nach der jüngere ist, oder, wenn dieser Berichterstatter ist, der nächst ältere kein Stimmrecht.

[1] § 7 B.Ges. v. 12./6. 79 (B.G.B. 201).

140. Die Senate des Reichsgerichts entscheiden in der Besetzung von sieben Mitgliedern mit Einschluß des Vorsitzenden.

Geschäftsordnung.

141.[1] Der Geschäftsgang wird durch eine Geschäftsordnung geregelt, welche das Plenum auszuarbeiten und dem Bundesrath zur Bestätigung vorzulegen hat.[2]

[1] § 11 B.Ges. v. 12./6. 69 (B.G.B. 201).

[2] Geschäftsordnung v. 8./4. 80 (Centr.Bl. 190), abgeändert laut Bekanntm. v. 25./7. 86 (Centr.Bl. 300).

Zehnter Titel.

Staatsanwaltschaft.

Mitwirkung im Civilprozeß in: Ehesachen §§ 569, 586 C.P.O.; in Entmündigungssachen: §§ 595, 597, 604, 607, 616, 617, 619, 620 C.P.O. — Mitwirkung im Strafprozeß: §§ 52, 53, 56, 75, 91, 94, 96, 136, 137, G.V.G. §§ 4, 13, 24, 33, 36, 41, 74, 98, 100, 105, 108, 110, 122, 124—127, 131, 152, 156—161, 165, 167—173, 176, 177, 181, 183, 189—191, 194, 195, 196, 197, 204, 206—209, 211, 213, 218, 221, 223—226, 232, 238—240, 244, 245, 247, 254, 257, 258, 265, 282, 283, 286, 290, 291, 297, 299, 314, 338, 343, 344, 351, 361, 362, 366, 367, 377, 378, 379, 387, 388, 391, 394, 409, 411, 413,

416, 417, 422, 423, 429, 430, 436, 441, 447, 448, 451, 454, 560, 463—465, 467, 477, 479, 483, 486, 489, 493, 494, 501 St.P.O. — Im ehrengerichtlichen Verfahren: §§ 66, 69, 74, 92 R.A.O.

In Konſularſachen: §§ 17, 24 R.Geſ. v. 10./7. 79, unten S. 115.

Ausführungsbeſtimmungen: Preußen: §§ 58—67 Geſ. v. 24./4. 78 (Geſ.Samml. 230). — Bayern: Art. 50—58 Geſ. v. 23./2. 79 (Geſ. u. Ver.Bl. 273). §§ 9—16 Verordn. v. 23./8. 79 (Geſ. u. Ver.Bl. 1043). — Sachſen: §§ 28—31 Geſ. v. 1./3. 79 (Geſ. u. Ver.Bl. 59). — Württemberg: Art. 24—28 Geſ. v. 24./1. 79 (Reg.Bl. 3). — Baden: §§ 13—15 Geſ. v. 3./3. 79 (Geſ. u. Ver. Bl. 91). — Elſaß-Lothringen: §§ 23—27 Geſ. v. 4./11. 78 (Geſ.Bl. 65).

142. Bei jedem Gerichte ſoll eine Staatsanwaltſchaft beſtehen.

Aeußere Organiſation.

143. Das Amt der Staatsanwaltſchaft wird ausgeübt:

1. bei dem Reichsgerichte durch einen Ober-Reichsanwalt[1] und durch einen oder mehrere Reichsanwälte;
2. bei den Oberlandesgerichten, den Landgerichten und den Schwurgerichten durch einen oder mehrere Staatsanwälte;
3. bei den Amtsgerichten und den Schöffengerichten durch einen oder mehrere Amtsanwälte.[3]

Die Zuſtändigkeit der Amtsanwälte erſtreckt ſich nicht auf das amtsrichterliche Verfahren zur Vorbereitung der öffentlichen Klage[2] in denjenigen Strafſachen, welche zur Zuſtändigkeit anderer Gerichte als der Schöffengerichte gehören.[3]

[1] §§ 128, 129, 131. [2] §§ 156 ff. St.P.O.
[3] Auch nicht in den überweisungsfähigen. § 75.

144. Die örtliche Zuständigkeit der Beamten der Staatsanwaltschaft wird durch die örtliche Zuständigkeit des Gerichts bestimmt, für welches sie bestellt sind.

Ein unzuständiger Beamter der Staatsanwaltschaft hat sich denjenigen innerhalb seines Bezirks vorzunehmenden Amtshandlungen zu unterziehen, in Ansehung welcher Gefahr im Verzuge obwaltet.

Können die Beamten der Staatsanwaltschaft verschiedener Bundesstaaten[1] sich nicht darüber einigen, wer von ihnen die Verfolgung zu übernehmen hat, so entscheidet der ihnen gemeinsam vorgesetzte Beamte der Staatsanwaltschaft und in Ermangelung eines solchen der Ober-Reichsanwalt.

[1] Gehören sie demselben Bundesstaate an, so entscheidet der ihnen gemeinsam vorgesetzte Beamte der Staatsanwaltschaft und in Ermangelung eines solchen die Landesjustizverwaltung. § 148 Nr. 2, 3.

Innere Organisation.

145. Besteht die Staatsanwaltschaft eines Gerichts aus mehreren Beamten, so handeln die dem ersten Beamten beigeordneten Personen als dessen Vertreter; sie sind, wenn sie für ihn auftreten, zu allen Amtsverrichtungen desselben ohne den Nachweis eines besonderen Auftrags berechtigt.[1]

[1] Die Voraussetzungen, unter denen die beigeordneten Beamten als zur Vertretung berechtigte Mitglieder der Staatsanwaltschaft anzusehen sind, bestimmt das Landesrecht. R.G. XX, 40. — Vgl. für Preußen wegen der unentgeltlich beschäftigten Assessoren: Verf. v. 17./5. 82 (J.M.Bl. 140).

146. Die ersten Beamten der Staatsanwaltschaft bei den Oberlandesgerichten und den Landgerichten sind befugt, bei allen Gerichten ihres Bezirks die Amtsverrichtungen der Staatsanwaltschaft selbst zu übernehmen oder mit Wahrnehmung derselben einen anderen als den zunächst zuständigen Beamten zu beauftragen.

Amtsanwälte können das Amt der Staatsanwaltschaft nur bei den Amtsgerichten und den Schöffengerichten versehen.

147. Die Beamten der Staatsanwaltschaft haben den dienstlichen Anweisungen ihres Vorgesetzten nachzukommen.

In denjenigen Sachen, für welche das Reichsgericht in erster und letzter Instanz zuständig ist,[1] haben alle Beamte der Staatsanwaltschaft den Anweisungen des Ober-Reichsanwalts Folge zu leisten.

[1] § 136 Nr. 1.

148. Das Recht der Aufsicht und Leitung steht zu:

1. dem Reichskanzler hinsichtlich des Ober-Reichsanwalts und der Reichsanwälte;
2. der Landesjustizverwaltung hinsichtlich aller staatsanwaltlichen Beamten des betreffenden Bundesstaates;
3. den ersten Beamten der Staatsanwaltschaft bei den Oberlandesgerichten und den Landgerichten hinsichtlich aller Beamten der Staatsanwaltschaft ihres Bezirks.

Befähigung und Ernennung.

149. Der Ober-Reichsanwalt und die Reichsanwälte sind nicht richterliche Beamte.

Zu diesen Aemtern sowie den Aemtern der Staatsanwaltschaft bei den Oberlandesgerichten und den Landgerichten können nur zum Richteramte[1] befähigte Beamte ernannt werden.

[1] §§ 2, 4, 5.

150. Der Ober-Reichsanwalt und die Reichsanwälte werden auf Vorschlag des Bundesraths vom Kaiser ernannt.

Dieselben können durch Kaiserliche Verfügung jederzeit mit Gewährung des gesetzlichen Wartegeldes[1] einstweilig in den Ruhestand versetzt werden.

[1] §§ 26 ff. R.Ges. v. 31./3. 73 (R.G.B. 61).

Verhältniß zu den Gerichten.

151. Die Staatsanwaltschaft ist in ihren Amtsverrichtungen von den Gerichten unabhängig.[1]

[1] Jedoch Anm. 1 zu § 177. Pr. 428. — §§ 173, 206 St.P.O.

152. Die Staatsanwälte dürfen richterliche Geschäfte nicht wahrnehmen. Auch darf ihnen eine Dienstaufsicht über die Richter nicht übertragen werden.

Verhältniß zu den Beamten der gerichtlichen Polizei.

153. Die Beamten des Polizei- und Sicherheitsdienstes sind Hülfsbeamte der Staatsanwaltschaft[1] und sind in dieser Eigenschaft verpflichtet, den Anordnungen der Staatsanwälte bei dem Landgerichte ihres Bezirks und der diesen vorgesetzten Beamten[2] Folge zu leisten.[3]

Die nähere Bezeichnung derjenigen Beamtenklassen,

auf welche diese Bestimmung Anwendung findet, erfolgt durch die Landesregierungen.[4]

[1] Nicht Beamte der Staatsanwaltschaft im Sinne der St.P.O. R.G. III, 55.

[2] §§ 147 Abs. 2, 148.

[3] § 159 St.P.O.

[4] Preußen: Verf. v. 25./9. 79 (J.M.Bl. 349), v. 20./12. 79 (Min.Bl. f. d. innere Verw. 1880 S. 28), v. 9./10. 82 (J.M.Bl. 312), v. 2./2. 83 (J.M.Bl. 28), v. 27./7. 83 (Min.Bl. f. d. innere Verw. 181) u. v. 27./2. 86 (J.M.Bl. 78). — Bayern: Verord. v. 31./8. 79 (Ges. u. Ver.Bl. 1057), Bekanntm. v. 6./8. 80 (Ges. u. Ver.Bl. 545). — Sachsen: Verord. v. 19./9. und v. 6./10. 79 (Ges. u. Ver.Bl. 372 u. 388). — Württemberg: Verord. v. 27./9. 79 (Reg.Bl. 404). — Baden: Verord. v. 17./7. 79 (Ges. u. Ver.Bl. 545). — Elsaß-Lothringen: § 14 Verord. v. 13./6. 79 (Ges.Bl. 61) und Verord. v. 26./1. 80 (Ges.Bl. 6).

Elfter Titel.

Gerichtsschreiber.

Thätigkeit im Civilprozeß: §§ 44, 74 Abs. 2, 98, 109, 149, 151, 152—156, 173, 179, 187, 193, 225, 286—288, 327, 342, 346, 351, 367, 371, 448, 457, 458, 462, 463, 506, 532, 646, 662, 663, 669, 705, 736, 736, 800, 815, 824 C.P.O. Vgl. auch § 97 C.P.O. — Thätigkeit im Strafprozeß: §§ 45, 51, 91, 94 G.V.G. §§ 26, 37, 166, 185, 180, 225, 271, 275, 308, 341, 358, 355, 348, 361, 381, 385, 387, 406, 421, 425, 430, 449, 454, 483, 486, St.P.O. — Im Konkurse: §§ 103, 104, 105, 112, 127, 128, 151, 175, 184, 191 K.O. — Bei der Rechtshülfe: § 162 G.V.G. — Als Dolmetscher: § 192 G.V.G. — Beim Kostenwesen: § 4 Abs. 3, §§ 14, 16 Abs. 2, 47 Abs. 2, 48 Abs. 2, G.K.G. § 62 G.O. f. G.V. § 17 Abs. 3 G.O. f. Z. u. S. — Im ehrengerichtlichen Verfahren: § 81 R.A.O. — Ablehnung: § 49 C.P.O. § 31 St.P.O.

In Konsularsachen: § 10 R.Ges. v. 10./7. 79, unten S. 113.

Ausführungsbestimmungen: Preußen: §§ 68—72 Ges. v. 24./4. 78 (Ges.Samml. 230). Ges. v. 3./3. 79 (Ges.Samml. 99).

Gerichtsſchreiberord. v. 10./2. 86 (J.M.Bl. 37). — Bayern: Art. 59—64 Geſ. v. 23./2. 79 (Geſ. u. Ver.Bl. 273). §§ 17—26 Verord. v. 23./8. 79 (Geſ. u. Ver.Bl. 1049). Bekanntm. v. 1./2. 80 (J.M.Bl. 21) u. 1./3. 88 (J.M.Bl. 58). — Württemberg: Art. 22 Geſ. v. 24./1. 79 (Reg.Bl. 3). — Baden: § 16 Geſ. v. 3./3. 79 (Geſ. u. Ver.Bl. 91). Verord. v. 8./6. 89 (Geſ. u. Ver.Bl. 93). — Elſaß-Lothringen: §§ 28—30 Geſ. v. 4./11. 78 (Geſ.Bl. 65. § 16 Verord. v. 13./6. 79 (Geſ.Bl. 61). Verord. v. 30./7. 80 (Geſ.Bl. 128), Regulativ v. 15./4. 84 (Geſ.Bl. 83). Verord. v. 18./8. 88 (Geſ.Bl. 93).

154. Bei jedem Gerichte wird eine Gerichtsſchreiberei eingerichtet. Die Geſchäftseinrichtung bei dem Reichsgerichte wird durch den Reichskanzler, bei den Landesgerichten durch die Landesjuſtizverwaltung beſtimmt.[1]

[1] Preußen: Geſchäfts-Anweiſung für die Gerichtsſchreibereien bei den Amtsgerichten v. 1./8. 79, den Landgerichten v. 3./8. 79 (Anl. z. J.M.Bl. Nr. 32) und den Oberlandesgerichten v. 8./9. 79 (Anl. z. J.M.Bl. Nr. 37). Verf. v. 16./1. 80 (J.M.Bl. 22), v. 5./4. u. 31./10. 81 (J.M.Bl. 66 u. 257). — Bayern: Verord. v. 6./9. 79 (Geſ. u. Ver.Bl. 1100) Bekanntm. v. 14./9. 79 (J.M.Bl. 743). — Sachſen: Verord. v. 2./9. 79 (J.M.Bl. 39) u. v. 1./8. 82 (J.M.Bl 59). — Baden: Verord. v. 19./7. 79 (Geſ. u. Ver.Bl. 386), v. 8./2. u. 6./12. 84 (Geſ. u. Ver.Bl. 62 u. 629), u. v. 10./5. 86 (Geſ. u. Ver.Bl. 284). — Elſaß-Lothringen: Geſchäftsordnung für die Gerichtsſchreibereien v. 20./12. 79 (Samml. v. Geſ., Verord. ꝛc. ꝛc. betr. die Juſt.Verw. Bd. 4 S. 484).

Zwölfter Titel.

Zuſtellungs- und Vollſtreckungsbeamte.

Thätigkeit im Civilprozeß: Zuſtellungen: §§ 152, 153 C.P.O.; Zwangsvollſtreckung: § 674 C.P.O. — Thätigkeit im Strafprozeß: Zuſtellungen: §§ 37, 38 St.P.O.; Vollſtreckung: § 495 St.P.O. — Im Konkursverfahren: § 65 K.O. — Bei der Rechtshülfe: § 162 G.V.G. In Konſularſachen: § 10 R.Geſ. v. 10./7. 79, unten S. 113.

Gebührenordnung für Gerichtsvollzieher vom 24./6. 78 (R.G.B. 166); dazu Ges. betr. die Abänderung von Bestimmungen des Gerichtskostengesetzes und der Gebührenordnung für Gerichtsvollzieher v. 29./6. 81 (R.G.B. 178).

Ausführungsbestimmungen: Preußen: §§ 73—76 Ges. v. 24./4. 78 (Ges.Samml. 230). — Bayern: Art. 65—67 Ges. v. 23./2. 79 (Ges. u. Ver.Bl. 273). — Württemberg: Art. 29—32 Ges. v. 24./1. 79 (Reg.Bl. 3). — Baden: § 16 Ges. v. 3./3. 79 (Ges. u. Ver.Bl. 91). — Elsaß-Lothringen: § 31 Ges. v. 4./11. 78 (Ges.-Bl. 65). Verord. v. 30./7. 80 (Ges.Bl. 128), Regulativ v. 15./4. 84 (Ges.Bl. 83).

155. Die Dienst- und Geschäftsverhältnisse der mit den Zustellungen, Ladungen und Vollstreckungen zu betrauenden Beamten (Gerichtsvollzieher) werden bei dem Reichsgerichte durch den Reichskanzler,[1] bei den Landesgerichten durch die Landesjustizverwaltung[2] bestimmt.[3]

[1] Vorschriften v. 11./5. 83 (Centr.Bl. 159).

[2] Preußen: Gerichtsvollzieherordnung v. 23./2. 85 (J.M.Bl. 56), Verf. v. 13./2. 86 (J.M.Bl. 86), Geschäfts-Anweisung für die Ger.-Vollz. v. 24./7. 79 (Anl. z. J.M.Bl. Nr. 31). Verf. v. 16./6. u. 22./12. 83 (J.M.Bl. 191 u. 368) v. 23./2. 85 (J.M.Bl. 68), u. v. 2./12. 89 (J.M.Bl. 287). — Bayern: Verord. v. 6./9. 79 (Ges. u. Ver.Bl. 1081). Bekanntm. v. 11./9. 79 (J.M.Bl. 713). Bekanntm. v. 22./9. 79 (J.M.Bl. 1185). — Sachsen: Verord. v. 2./9. 79 (J.M.Bl. 70), v. 10./9. 79 (Ges. u. Ver.Bl. 336), v. 2./8. 82 (J.M.Bl. 84) u. 13./7. 84 (J.M.Bl. 17). — Württemberg: Verf. v. 6./9. 79 (Reg.Bl. 289). — Baden: Verord. v. 28./11. 84 u. 1./12. 84 (Ges. u. Ver.Bl. 481 u. 501), v. 10./5. 86 (Ges. u. Ver.Bl. 283), v. 22./7. 87 (Ges. u. Ver.Bl. 174) u. 28./2. 89 (Ges. u. Ver.Bl. 43). — Elsaß-Lothringen: Geschäftsanweisung für die Gerichtsvollzieher v. 16./9. 79 (Samml. v. Ges., Verord. rc. rc. betr. die Just. Verw. Bd. 4 S. 355).

[3] Haftung der Gerichtsvollzieher für Versehen: R.G. XVI, 398.

156. Der Gerichtsvollzieher ist von der Ausübung seines Amts kraft Gesetzes ausgeschlossen:

I. in bürgerlichen Rechtsstreitigkeiten:

1. wenn er selbst Partei oder gesetzlicher Vertreter[1] einer Partei ist, oder zu einer Partei in dem Verhältnisse eines Mitberechtigten, Mitverpflichteten oder Schadensersatzpflichtigen steht;
2. wenn seine Ehefrau Partei ist, auch wenn die Ehe nicht mehr besteht;
3. wenn eine Person Partei ist, mit welcher er in gerader Linie verwandt, verschwägert oder durch Adoption verbunden, in der Seitenlinie bis zum dritten Grade verwandt oder bis zum zweiten Grade verschwägert ist, auch wenn die Ehe, durch welche die Schwägerschaft begründet ist, nicht mehr besteht;

II. in Strafsachen:[2]

1. wenn er selbst durch die strafbare Handlung verletzt ist;
2. wenn er der Ehemann der Beschuldigten oder Verletzten ist oder gewesen ist;
3. wenn er mit dem Beschuldigten oder Verletzten in dem vorstehend unter Nr. I 3 bezeichneten Verwandtschafts- oder Schwägerschaftsverhältnisse steht.

[1] § 50 C.P.O.

[2] Und im ehrengerichtlichen Verfahren. § 66 R.A.O.

Dreizehnter Titel.

Rechtshülfe.

Die §§ 158—160, 166 finden auf das von dem Ehrengericht gestellte Ersuchen Anwendung, § 86 R.A.O., ferner auf dasjenige des Patentamts, § 31 R.Ges. v. 25./5. 77 (R.G.B. 501), der Seeämter und des Ober-Seeamts, §§ 20, 30 R.Ges. v. 27./7. 77 (R.G.B. 549), der Gewerbegerichte, § 60 R.Ges. v. 29./7. 90 (R G.B. 155), — dagegen nicht, wenn eine Landesdisziplinarbehörde gerichtliche Rechtshülfe in Anspruch nimmt. R.G. XIX, 438.

Dieser Titel gilt auch in den zur Konsulargerichtsbarkeit gehörigen Angelegenheiten. An Stelle des Amtsgerichts tritt der Konsul. §§ 12, 18 R.Ges. v. 10./7. 79 und unten S. 114.

Das B.Ges. betreffend die Gewährung der Rechtshülfe v. 21./6. 69 (B.G.B. 305) findet nur noch Anwendung für die Rechtshülfe, welche in den vorstehend nicht erwähnten Fällen von Seiten andrer als der ordentlichen Gerichte (§§ 12, 13) nachgesucht wird oder welche von anderen Gerichten zu gewähren ist. Begr. 189. Pr. 1. — Vgl. auch § 3 Nr. 2 E.G. zur K.O.

Ausführungsbestimmungen: Preußen: § 87 Ges. v. 24./4. 78 (Ges.Samml. 230). — Bayern: Art. 77 Ges. v. 23./2. 79 (Ges. u. Ver.Bl. 273). — Elsaß-Lothringen: § 32 Ges. v. 4./11. 78 (Ges.Bl. 65).

157. Die Gerichte[1] haben sich in bürgerlichen Rechtsstreitigkeiten[2] und in Strafsachen Rechtshülfe zu leisten.[3]

[1] Zwischen Staatsanwaltschaft und Staatsanwaltschaft, sowie zwischen Staatsanwaltschaft und Gericht besteht eine unbedingte Verpflichtung zur Gewährung der Rechtshülfe nicht. Ausnahme: §§ 147, 162, 164; vgl. auch §§ 159, 160 St.P.O. und § 153 G.V.G.

[2] § 13.

[3] Der Grundgedanke der §§ 157 ff. ist: die Gerichtsgewalt eines jeden deutschen ordentlichen Gerichts erstreckt sich auf alle im Deutschen Reiche sich aufhaltenden Personen. Ohne Folgeleistungsbefehl müssen die Gebote und Verbote (Ladungen, Urtheile u. s. w.) eines jeden

deutschen Gerichts auch von Personen, die sich in einem anderen Bundesstaate aufhalten, befolgt werden. Begr. 189.

158. Das Ersuchen um Rechtshülfe ist an das Amtsgericht zu richten, in dessen Bezirke die Amtshandlung vorgenommen werden soll.

159.[1] Das Ersuchen darf nicht abgelehnt werden. Das Ersuchen eines nicht im Instanzenzuge vorgesetzten Gerichts ist jedoch abzulehnen, wenn dem ersuchten Gerichte die örtliche Zuständigkeit mangelt, oder die vorzunehmende Handlung nach dem Rechte des ersuchten Gerichts verboten ist.

[1] §§ 1 Abs. 2, 37, Rechtsh.Ges.

160.[1] Wird das Ersuchen abgelehnt, oder wird der Vorschrift des §. 159 Abs. 2 zuwider dem Ersuchen stattgegeben, so entscheidet das Oberlandesgericht, zu dessen Bezirke das ersuchte Gericht gehört.[2] Eine Anfechtung dieser Entscheidung findet nur statt, wenn dieselbe die Rechtshülfe für unzulässig erklärt, und das ersuchende und das ersuchte Gericht den Bezirken verschiedener Oberlandesgerichte angehören. Ueber die Beschwerde[3] entscheidet das Reichsgericht.

Die Entscheidungen erfolgen auf Antrag der Betheiligten oder des ersuchenden Gerichts ohne vorgängige mündliche Verhandlung.

[1] § 38 Rechtsh.Ges.

[2] Bezieht sich nicht auf das Ersuchen um Zwangsvollstreckung, welches an den nach § 483 Abs. 3 St.P.O. zuständigen Amtsrichter gerichtet ist. R.G. XX, 103.

[3] Auf diese Beschwerde finden die Vorschriften der §§ 530 ff. C.P.O. und §§ 346 ff. St.P.O. nicht Anwendung. Begr. 192, 193

161. Die Herbeiführung der zum Zwecke von Vollstreckungen, Ladungen und Zustellungen erforderlichen Handlungen [1] erfolgt nach Vorschrift der Prozeßordnungen ohne Rücksicht darauf, ob die Handlungen in dem Bundesstaate, welchem das Prozeßgericht angehört, oder in einem anderen Bundesstaate vorzunehmen sind.

[1] §§ 152, 176, 191, 674 C.P.O. und §§ 37, 38, 495 St.P.O., durch unmittelbares Angehen der Gerichtsvollzieher, ohne daß es der Rechtshülfe bedarf. So auch R.G. XXV, 364.

162. Gerichte, Staatsanwaltschaften und Gerichtsschreiber [1] können wegen Ertheilung eines Auftrags an einen Gerichtsvollzieher die Mitwirkung des Gerichtsschreibers des Amtsgerichts in Anspruch nehmen, in dessen Bezirke der Auftrag ausgeführt werden soll. Der von dem Gerichtsschreiber beauftragte Gerichtsvollzieher gilt als unmittelbar beauftragt.

[1] Parteien: §§ 152 Abs. 2, 674 Abs. 2 C.P.O.

163. [1] Eine Freiheitsstrafe, welche die Dauer von sechs Wochen nicht übersteigt, ist in demjenigen Bundesstaate zu vollstrecken, in welchem der Verurtheilte sich befindet.

[1] § 33 Rechtsh.Ges.

164. Soll eine Freiheitsstrafe [1] in dem Bezirke eines anderen Gerichts vollstreckt oder ein in dem Bezirke eines anderen Gerichts befindlicher Verurtheilter zum Zwecke der Strafverbüßung ergriffen und abgeliefert werden, so ist die Staatsanwaltschaft bei dem Landgerichte des Bezirks um die Ausführung zu ersuchen. [2]

[1] Geldstrafen werden durch Gerichtsvollzieher beigetrieben. § 495 St.P.O. § 674 C.P.O.

[2] § 483 St.P.O.

165.[1] Im Falle der Rechtshülfe unter den Behörden verschiedener Bundesstaaten sind die baaren Auslagen, welche durch eine Ablieferung oder Strafvollstreckung entstehen, der ersuchten Behörde von der ersuchenden zu erstatten.

Im übrigen werden Kosten der Rechtshülfe von der ersuchenden Behörde nicht erstattet.

Ist eine zahlungspflichtige Partei vorhanden, so sind die Kosten von derselben durch die ersuchende Behörde einzuziehen und der eingezogene Betrag der ersuchten Behörde zu übersenden.

Stempel-, Einregistrirungsgebühren oder andere öffentliche Abgaben, welchen die von der ersuchenden Behörde übersendeten Schriftstücke (Urkunden, Protokolle) nach dem Rechte der ersuchten Behörde unterliegen, bleiben außer Ansatz.

[1] § 43 Rechtsh.Gef.

166.[1] Für die Höhe der den geladenen Zeugen und Sachverständigen gebührenden Beträge sind die Bestimmungen maßgebend, welche bei dem Gerichte gelten, vor welches die Ladung erfolgt.

Sind die Beträge nach dem Rechte des Aufenthaltsorts der geladenen Personen höher, so können die höheren Beträge gefordert werden.

Bei weiterer Entfernung des Aufenthaltsorts der geladenen Personen ist denselben auf Antrag ein Vorschuß zu bewilligen.[2]

[1] § 40 Abs. 2 Rechtsh.G.

[2] Dieser § gilt allgemein, wenn ein Gericht Zeugen oder Sachverständige aus dem Bezirk eines andern Gerichts ladet. Pr. 11, 12. — Vgl. § 13 G.O. f. Z. u. S.

167. Ein Gericht darf[1] Amtshandlungen außerhalb seines Bezirks ohne Zustimmung des Amtsgerichts des Orts nur vornehmen, wenn Gefahr im Verzuge obwaltet. In diesem Falle ist dem Amtsgerichte des Orts Anzeige zu machen.

[1] Anstatt Rechtshülfe nachzusuchen.

168.[1] Die Sicherheitsbeamten[2] eines Bundesstaates sind ermächtigt, die Verfolgung eines Flüchtigen auf das Gebiet eines anderen Bundesstaates fortzusetzen und den Flüchtigen daselbst zu ergreifen.

Der Ergriffene ist unverzüglich an das nächste Gericht oder die nächste Polizeibehörde des Bundesstaates, in welchem er ergriffen wurde, abzuführen.

[1] § 30 Abs. 1 Rechtsh.Ges.

[2] § 153 G.V.G. §§ 98, 105, 127, 159, 161, 187 St.P.O.

169. Die in einem Bundesstaate bestehenden Vorschriften über die Mittheilung von Akten einer öffentlichen Behörde an ein Gericht dieses Bundesstaates kommen auch dann zur Anwendung, wenn das ersuchende Gericht einem anderen Bundesstaate angehört.[1]

[1] § 397 C.P.O. — Vgl. auch § 96 St.P.O. — Sachsen: Verord. v. 22./9. 79 (Ges. und Ver.Bl. 374).

Vierzehnter Titel.

Oeffentlichkeit und Sitzungspolizei.

Gilt auch in Konsularsachen, § 13 R.Ges. v. 10./7. 79 unten S. 115, und vor den Gewerbegerichten, § 36 R.Ges. v. 29./7. 90

(R.G.B. 149); vgl. auch § 21 Nr. 5 Gew.Ord. (R.G.B. v. 1883 S. 183).

Ausführungsbestimmungen: Preußen: §§ 88, 89 Ges. v. 24./4. 78 (Ges.Samml. 230). — Bayern: Art. 79 Ges. v. 23./2. 79 (Ges. und Ver.Bl. 273). — Sachsen: § 31 Ges. v. 1./3. 79 (Ges. u. Ver.Bl. 59). — Württemberg: Art. 33 Ges. v. 24./1. 79 Reg. Bl. 3). — Elsaß-Lothringen: § 32 Ges. v. 4./11 78 (Ges.Bl. 65).

Oeffentlichkeit.

170. Die Verhandlung vor dem erkennenden Gerichte, einschließlich der Verkündung der Urtheile und Beschlüsse desselben, erfolgt öffentlich.[1]

[1] Beim Reichsgericht haben Richter, Reichsanwälte und Gerichtsschreiber, bei den Landesgerichten vielfach auch die Rechtsanwälte in den öffentlichen Sitzungen eine Amtstracht zu tragen. Preußen: § 89 Ges. v. 24/.4. 78 (Ges.Samml. 230). Ordre v. 4./7. 79 u. Verf. v. 12./7. 79 (J.M.Bl. 172). — Bayern: § 35 Verord. v. 23./8. 79 (Ges. u. Ver.Bl. 1044), Bekanntm. v. 29./12. 79 (J.M.Bl. 1909), v. 16./3. u. v. 13./11. 80 (J.M.Bl. 75 u. 353). — Sachsen: Verord. v. 1./8. 79 (Ges. u. Ver.Bl. 305). Ges. v. 22./3. 80 (Ges. u. Ver.Bl. 39). — Baden: Bekanntm. v. 15./9. 79 (Ges. u. Ver.Bl. 642).

171. In Ehesachen[1] ist die Oeffentlichkeit auszuschließen, wenn eine der Parteien es beantragt.

[1] §§ 568—592 C.P.O.

172. In dem auf die Klage wegen Anfechtung oder Wiederaufhebung der Entmündigung einer Person wegen Geisteskrankheit eingeleiteten Verfahren (§§. 605, 620 der Civilprozeßordnung) ist die Oeffentlichkeit während der Vernehmung des Entmündigten auszuschließen, auch kann auf Antrag einer der Parteien die Oeffentlichkeit der Verhandlung überhaupt ausgeschlossen werden.

Das Verfahren wegen Entmündigung oder Wiederaufhebung der Entmündigung (§§. 593—604, 616—619 der Civilprozeßordnung) ist nicht öffentlich.

173. In allen Sachen kann durch das Gericht für die Verhandlung oder für einen Theil derselben die Oeffentlichkeit ausgeschlossen werden, wenn sie eine Gefährdung der öffentlichen Ordnung,[1] insbesondere der Staatssicherheit, oder eine Gefährdung der Sittlichkeit besorgen läßt.[2]

[1] Hierher gehört der Fall des Mißbrauchs der Oeffentlichkeit zur Störung der Gerichtsverhandlung und zur Erschwerung der Wahrheitsermittelung. Begr. 197.

[2] Die durch gesperrten Druck hervorgehobenen Änderungen beruhen auf Art. I R.Ges. v. 5./4. 88 (R.G.B. 133).

174. Die Verkündung des Urtheils[1] erfolgt in jedem Falle öffentlich.

Durch einen besonderen Beschluß[2] des Gerichts kann für die Verkündung der Urtheilsgründe oder eines Theiles derselben die Oeffentlichkeit ausgeschlossen werden, wenn sie eine Gefährdung der Staatssicherheit oder eine Gefährdung der Sittlichkeit besorgen läßt.[3]

[1] Die Verkündung der Beschlüsse geschieht gemäß §§ 171—173. Pr. 683. Ausnahme: § 175 Abs. 2.

[2] Der gemäß § 173 erfolgte Ausschluß der Oeffentlichkeit für die ganze Dauer der Verhandlung hat diese Folge noch nicht. R.G. XX, 383.

[3] Vgl. Anm. 2 zu § 173.

175.[1] Die Verhandlung über die Ausschließung der Oeffentlichkeit findet in nicht öffentlicher Sitzung statt,[2] wenn ein Betheiligter es beantragt oder das Gericht es für angemessen erachtet. Der Beschluß, welcher die Oeffentlichkeit ausschließt, muß öffentlich verkündet werden. Bei der Verkündung ist anzugeben, ob die Ausschließung wegen Gefährdung der öffentlichen Ordnung, insbesondere wegen Gefährdung der Staatssicherheit, oder ob sie wegen Gefährdung der Sittlichkeit erfolgt.[3]

Ist die Oeffentlichkeit wegen Gefährdung der Staatssicherheit ausgeschlossen, so kann das Gericht den anwesenden Personen die Geheimhaltung von Thatsachen, welche durch die Verhandlung, durch die Anklageschrift oder durch andere amtliche Schriftstücke des Prozesses zu ihrer Kenntniß gelangen, zur Pflicht machen.[4] Der Beschluß ist in das Sitzungsprotokoll aufzunehmen. Gegen denselben findet Beschwerde statt. Die Beschwerde hat keine aufschiebende Wirkung.

[1] Anm. 2 zu § 173.

[2] Den Betheiligten muß in allen Fällen Gelegenheit zur Erklärung darüber gegeben werden. R. G. XX, 21, 52. Der vorher auf Grund des § 246 St.P.O. abgetretene Angeklagte ist in das Sitzungszimmer zurückzuführen und persönlich zu hören. R.G. XVIII, 138.

[3] Verbot der Veröffentlichung durch die Presse: Art. III R.Ges. v. 5./4. 88 (R.G.B. 133).

[4] Strafe der Zuwiderhandlung: Art. II R.Ges. v. 5./4. 88 (R.G.B. 134).

176.[1] Der Zutritt zu öffentlichen Verhandlungen kann unerwachsenen und solchen Personen versagt werden, welche sich nicht im Besitze der bürgerlichen Ehrenrechte befinden, oder welche in einer der Würde des Gerichts nicht entsprechenden Weise erscheinen.

Zu nicht öffentlichen Verhandlungen kann der Zutritt einzelnen Personen vom Gerichte gestattet werden. Einer Anhörung der Betheiligten bedarf es nicht.

Die Ausschließung der Oeffentlichkeit steht der Anwesenheit der die Dienstaufsicht führenden Beamten der Justizverwaltung bei den Verhandlungen vor dem erkennenden Gerichte nicht entgegen.

[1] Anm. 2 zu § 173.

Sitzungspolizei.

177. Die Aufrechthaltung der Ordnung[1] in der Sitzung liegt dem Vorsitzenden[2] ob.[3]

[1] Gegenüber jeder im Sitzungszimmer anwesenden Person, auch der Staatsanwaltschaft. Pr. 29—38. Vgl. auch R.G. XI, 138.

[2] Strafbefugnisse stehen während der Sitzung nur dem Gerichte zu.

[3] Gilt auch im ehrengerichtlichen Verfahren. § 66 R.A.O.

178. Parteien, Beschuldigte, Zeugen, Sachverständige oder bei der Verhandlung nicht betheiligte Personen, welche den zur Aufrechthaltung der Ordnung erlassenen Befehlen nicht gehorchen, können auf Beschluß des Gerichts[1] aus dem Sitzungszimmer entfernt,[2] auch zur Haft abgeführt und während einer in dem Beschlusse zu bestimmenden Zeit, welche vierundzwanzig Stunden nicht übersteigen darf, festgehalten werden.

[1] Anordnung des Vorsitzenden genügt nicht. R.G. XX, 274.

Vgl. auch § 246 Abs. 1 St.P.O. — Vorgängige Anhörung der Betheiligten: § 33 St.P.O. Verkündung mit Gründen: §§ 34, 35 St.P.O.

[2] Folgen der Entfernung betheiligter Personen. § 144 C.P.O. § 246 St.P.O.

179. Das Gericht kann gegen Parteien, Beschuldigte, Zeugen, Sachverständige oder bei der Verhandlung nicht betheiligte Personen, welche sich in der Sitzung einer Ungebühr schuldig machen, vorbehaltlich der strafgerichtlichen Verfolgung, eine Ordnungsstrafe bis zu einhundert Mark oder bis zu drei Tagen Haft festsetzen und sofort vollstrecken lassen.

180. Das Gericht kann gegen einen bei der Verhandlung betheiligten Rechtsanwalt oder Vertheidiger, der sich in der Sitzung einer Ungebühr schuldig macht, vorbehaltlich der strafgerichtlichen oder disziplinaren Verfolgung, eine Ordnungsstrafe bis zu einhundert Mark festsetzen.

181. Die Vollstreckung der vorstehend bezeichneten Ordnungsstrafen hat der Vorsitzende unmittelbar zu veranlassen.[1]

[1] Er ist befugt, erforderlichenfalls persönlich bei der Ausführung der Vollstreckung mitzuwirken. R.G. XV, 231.

182. Die in den §§. 177—181 bezeichneten Befugnisse stehen auch einem einzelnen Richter bei der Vornahme von Amtshandlungen außerhalb der Sitzung zu.

183. Ist in den Fällen der §§. 179, 180, 182 eine Ordnungsstrafe festgesetzt, so findet binnen der Frist von einer Woche[1] nach der Bekanntmachung der Entscheidung Beschwerde[2] statt, sofern die Entscheidung nicht von dem Reichsgerichte oder einem Oberlandesgerichte getroffen ist.

Die Beſchwerde hat in dem Falle des §. 179 keine aufſchiebende Wirkung, in den Fällen des §. 180 und des §. 182 aufſchiebende Wirkung.

Ueber die Beſchwerde entſcheidet das Oberlandesgericht.[3]

[1] In Konſularſachen zwei Wochen. § 13 R.Geſ. v. 10./7. 79 unten S. 115.

[2] Auf dieſe Beſchwerde finden die Vorſchriften der §§ 530 ff. C.P.O. und §§ 346 ff. St.P.O. nicht Anwendung. Anmerk. 3 zu § 160.

[3] Eine weitere Beſchwerde gegen die vom Oberlandesgericht in der Beſchwerdeinſtanz getroffene Entſcheidung findet nicht ſtatt. R.G. II, 385.

184. Iſt eine Ordnungsſtrafe wegen Ungebühr feſtgeſetzt, oder eine Perſon zur Haft abgeführt, oder eine bei der Verhandlung betheiligte Perſon entfernt worden, ſo iſt der Beſchluß des Gerichts und deſſen Veranlaſſung in das Protokoll[1] aufzunehmen.

[1] §§ 145, 146 C.P.O. §§ 166, 186, 272, 273 St.P.O.

185. Wird eine ſtrafbare Handlung in der Sitzung begangen, ſo hat das Gericht den Thatbeſtand feſtzuſtellen und der zuſtändigen Behörde das darüber aufgenommene Protokoll mitzutheilen. In geeigneten Fällen iſt die vorläufige Feſtnahme[1] des Thäters zu verfügen.

[1] §§ 127 ff. St.P.O.

Fünfzehnter Titel.

Gerichtsſprache.

Gilt auch im ehrengerichtlichen Verfahren, § 66 R.A.O., im Verfahren vor dem Patentamt, §§ 33 R.Geſ. v. 25./5 77 (R.G.B. 501), vor den Seeämtern und dem Ober-Seeamt, §§ 19, 30 R.Geſ. v. 27./7. 77 (R.G.B. 549), in Konſularſachen, § 13 R.Geſ. v. 10./7.

79, unten S. 115, und vor den Gewerbegerichten; § 36 R.Ges. v. 29./7. 90 (R.G.B. 149).

Ausführungsbestimmungen: Preußen: Ges. v. 28./8 76 (Ges.Samml. 389). — Sachsen: § 31 Ges. v. 1./3. 79 (Ges. u. Ver.Bl. 59).

186. Die Gerichtssprache ist die deutsche.[1]

[1] § 12 E.G. — Vgl. § 133 Abs. 3 C.P.O.

187. Wird unter Betheiligung von Personen verhandelt, welche der deutschen Sprache nicht mächtig sind, so ist ein Dolmetscher[1] zuzuziehen. Die Führung eines Nebenprotokolls in der fremden Sprache findet nicht statt; jedoch sollen Aussagen und Erklärungen in fremder Sprache, wenn und soweit der Richter dies mit Rücksicht auf die Wichtigkeit der Sache für erforderlich erachtet, auch in der fremden Sprache in das Protokoll oder in eine Anlage niedergeschrieben werden. In den dazu geeigneten Fällen soll dem Protokolle eine durch den Dolmetscher zu beglaubigende Uebersetzung beigefügt werden.

Die Zuziehung eines Dolmetschers kann unterbleiben, wenn die betheiligten Personen sämmtlich der fremden Sprache mächtig sind.

[1] Preußen: Dolmetscherordnung v. 24./4. 86 (J.M.Bl. 98).

188. Zur Verhandlung mit tauben oder stummen Personen ist, sofern nicht eine schriftliche Verständigung[1] erfolgt, eine Person als Dolmetscher zuzuziehen, mit deren Hülfe die Verständigung in anderer Weise erfolgen kann.[2]

[1] Bei „Taubstummen muß Frage wie Antwort schriftlich geschehen. Pr. 46.

[2] Eidesleistung Stummer: § 445 C.P.O. § 63 St.P.O.

189. Ob einer Partei, welche taub ist, bei der mündlichen Verhandlung der Vortrag zu gestatten sei, bleibt dem Ermessen des Gerichts überlassen.

Dasselbe gilt in Anwaltsprozessen[1] von einer Partei, die der deutschen Sprache nicht mächtig ist.

[1] § 74 Abs. 1 C.P.O. — In amtsgerichtlichen Prozessen ist ein Dolmetscher zuzuziehen. § 187.

190. Personen, welche der deutschen Sprache nicht mächtig sind, leisten Eide in der ihnen geläufigen Sprache.

191. Der Dolmetscher hat einen Eid dahin zu leisten:[1]

daß er treu und gewissenhaft übertragen werde.

Ist der Dolmetscher für Uebertragungen der betreffenden Art im allgemeinen beeidigt, so genügt die Berufung auf den geleisteten Eid.[2]

[1] Abnahme des Eides: §§ 440 ff. C.P.O. §§ 62, 63, 72 St.P.O. — Soweit die Sachverständigen ihr Gutachten mündlich zu erstatten haben, muß auch der Dolmetscher seine Uebertragung bei Gericht persönlich vortragen. R.G. IX, 51. Die Verlesung einer Uebersetzung durch den Dolmetscher ist zulässig. R.G. VII, 388.

[2] Vgl. Anm. 3 zu § 363 C.P.O.

192. Der Dienst des Dolmetschers kann von dem Gerichtsschreiber[1] wahrgenommen werden. Einer besonderen Beeidigung bedarf es nicht.

[1] Dem in der mündlichen Verhandlung fungirenden. Sonst ist gemäß § 191 zu verfahren. R.G. II, 373.

193. Auf den Dolmetscher finden die Bestimmungen über Ausschließung und Ablehnung der Sachverständigen[1] entsprechende Anwendung. Die Entscheidung erfolgt durch das Gericht oder den Richter, von welchem der Dolmetscher zugezogen ist.

[1] §§ 41, 42, 371 C.P.O. §§ 22, 24, 74 St.P.O.

Sechzehnter Titel.

Berathung und Abstimmung.

Gilt auch im ehrengerichtlichen Verfahren, § 66 R.A.O., im Verfahren vor den Seeämtern und dem Ober-Seeamt, §§ 19, 30. R.Ges. v. 27./7. 77 (R.G.B. 549), vor dem Konsulargericht, § 18 R.G. v. 10./7. 79, unten S. 115, und vor den Gewerbegerichten, § 53 R.Ges. v. 29./7. 90 (R.G.B. 153).

Ausführungsbestimmungen: Preußen: § 90 Ges. v. 24./4. 78 (Ges.Samml. 230). — Bayern: Art. 79 Ges. v. 23./2. 79 (Ges. u. Ver.Bl. 273). — Elsaß-Lothringen: § 32 Ges. v. 4./11. 78 (Ges.Bl. 65).

194. Bei Entscheidungen dürfen Richter nur in der gesetzlich bestimmten Anzahl mitwirken.

Bei Verhandlungen von längerer Dauer kann der Vorsitzende die Zuziehung von Ergänzungsrichtern anordnen,[1] welche der Verhandlung beizuwohnen und im Falle der Verhinderung[2] eines Richters für denselben einzutreten haben.

Die vorstehenden Bestimmungen finden auch auf Schöffen[3] und Geschworene[4] Anwendung.

[1] Wegen der Befugniß des Vorsitzenden zur Zurücknahme dieser Anordnung vgl. R.G. XIV, 211.

[2] Die Konstatirung der Verhinderung seitens des Gerichts genügt. Eine förmliche Verhandlung darüber unter Anhörung der Parteien ist nicht vorgeschrieben. R.G. VII, 284.

[3] § 49.

[4] § 285 St.P.O. — Ueber den Eintritt der Ergänzungsgeschworenen entscheidet das Gericht, nicht der Vorsitzende. R.G. XIII, 162.

195.[1] Bei der Berathung und Abstimmung dürfen außer den zur Entscheidung berufenen Richtern nur die bei demselben Gerichte zu ihrer juristischen Ausbildung beschäftigten Personen[2] zugegen sein, soweit der Vorsitzende deren Anwesenheit gestattet.[3]

[1] Anm. 2 zu § 173.

[2] § 2 Abs. 3. Auch wenn sie in der konkreten Sache als Gerichtsschreiber mitwirken. Im übrigen ist die Anwesenheit der Gerichtsschreiber unstatthaft. R.G. XVIII, 161.

[3] Leise Berathung und Abstimmung im Sitzungssaal ist nicht ausgeschlossen. Pr. 691.

196. Der Vorsitzende leitet die Berathung, stellt die Fragen und sammelt die Stimmen.

Meinungsverschiedenheiten über den Gegenstand, die Fassung und die Reihenfolge der Fragen oder über das Ergebniß der Abstimmung entscheidet das Gericht.

197. Kein Richter, Schöffe oder Geschworener darf die Abstimmung über eine Frage verweigern, weil er bei der Abstimmung über eine vorhergegangene Frage in der Minderheit geblieben ist.

198. Die Entscheidungen erfolgen, soweit das Gesetz nicht ein Anderes bestimmt,[1] nach der absoluten Mehrheit der Stimmen.[2]

Bilden sich in Beziehung auf Summen, über welche zu entscheiden ist, mehr als zwei Meinungen, deren keine die Mehrheit für sich hat, so werden die für die größte Summe abgegebenen Stimmen den für die zunächst geringere abgegebenen so lange hinzugerechnet, bis sich eine Mehrheit ergiebt.

Bilden sich in einer Strafsache, von der Schuldfrage abgesehen, mehr als zwei Meinungen, deren keine die Mehrheit für sich hat, so werden die dem Beschuldigten nachtheiligsten Stimmen den zunächst minder nachtheiligen so lange hinzugerechnet, bis sich eine Mehrheit ergiebt.

[1] Zur Bejahung der Schuldfrage ist Zweidrittelmehrheit nöthig: § 262 St.P.O. — Zur Verneinung der Frage wegen

milbernder Umstände genügt absolute Mehrheit: vgl. § 262 Abs. 2 mit § 266 Abs. 2, 3, auch § 297 Abs. 2, 307 Abs. 2 St.P.O. Pr. zur St.P.O. 756—758.

[2] Abstimmung über die Elemente des Urtheils oder über das Resultat? Pr. 47—54. Pr. zur St.P.O. 461—463. — Im Strafverfahren muß die Schuldfrage ungetheilt zur Abstimmung gebracht werden. R.G. VIII, 218. Dagegen ist über das Vorhandensein strafmindernder Umstände getrennt abzustimmen. R.G. V, 404.

199. Die Reihenfolge bei der Abstimmung richtet sich nach dem Dienstalter, bei den Schöffengerichten und den Kammern für Handelssachen nach dem Lebensalter; der Jüngste stimmt zuerst, der Vorsitzende zuletzt. Wenn ein Berichterstatter ernannt ist, so giebt dieser seine Stimme zuerst ab.

Bei der Abstimmung der Geschworenen richtet sich die Reihenfolge nach der Ausloosung. Der Obmann stimmt zuletzt.

200. Schöffen und Geschworene[1] sind verpflichtet, über den Hergang bei der Berathung und Abstimmung Stillschweigen zu beobachten.

[1] Bei Richtern folgt diese Pflicht aus der Amtsverschwiegenheit. Begr. 207.

Siebenzehnter Titel.

Gerichtsferien.

Rücksicht auf Sonn- und Feiertage: §§ 171 Abs. 1, 193, 200 Abs. 2, 681 Abs. 1 C.P.O. § 43 Abs. 2 St.P.O.

Ausführungsbestimmungen: Preußen: § 91 Ges. v. 24./4. 78 (Ges.Samml. 230). — Württemberg: Art. 34, 35 Ges. v. 24./1. 79 (Reg.Bl. 3). — Sachsen: Verord. v. 25./4. 80 (Ges. u. Ver.Bl. 53).

201. Die Gerichtsferien beginnen am 15. Juli und endigen am 15. September.

202. Während der Ferien werden nur in Feriensachen Termine abgehalten und Entscheidungen[1] erlassen.[2]

Feriensachen sind:
1. Strafsachen;
2. Arrestsachen und die eine einstweilige Verfügung betreffenden Sachen;[3]
3. Meß- und Marktsachen;[4]
4. Streitigkeiten zwischen Vermiethern und Miethern von Wohnungs- und anderen Räumen wegen Ueberlassung, Benutzung und Räumung derselben, sowie wegen Zurückhaltung der vom Miether in die Miethsräume eingebrachten Sachen;[5]
5. Wechselsachen;[6]
6. Bausachen, wenn über Fortsetzung eines angefangenen Baues gestritten wird.

Das Gericht kann auf Antrag auch andere Sachen, soweit sie besonderer Beschleunigung bedürfen, als Feriensachen bezeichnen. Die gleiche Befugniß hat vorbehaltlich der Entscheidung des Gerichts der Vorsitzende.

[1] Proceßleitende Verfügungen (Terminsanberaumungen u. dgl.) werden auch während der Ferien erlassen. Pr. 697.

[2] Lauf der Fristen: § 201 Abs. 2 C.P.O.

[3] §§ 796–822 C.P.O. [4] § 30 C.P.O.

[5] § 23 Nr. 2. [6] §§ 565–567 C.P.O.

203. Zur Erledigung der Feriensachen können bei den Landgerichten Ferienkammern, bei den Oberlandesgerichten und dem Reichsgerichte Feriensenate gebildet werden.[1]

[1] Gemäß §§ 61–63, 121, 133.

204. Auf das Mahnverfahren,[1] das Zwangsvollstreckungsverfahren[2] und das Konkursverfahren[3] sind die Ferien ohne Einfluß.

[1] §§ 628 ff. C.P.O. [2] §§ 644 ff. C.P.O. [3] §§ 64 ff. K.O.

III.

Nebengesetze
zum
Gerichtsverfassungsgesetze.

---

a. Gesetz, betreffend den Uebergang von Geschäften auf das Reichsgericht.

Vom 16. Juni 1879.

(R.G.B. von 1879, Nr. 18, S. 157, 158.)

In Kraft getreten am 1. Oktober 1879. — § 3.

1. In den Vorschriften
   des §. 12 des Gesetzes, betreffend die Gründung und Verwaltung des Reichs-Invalidenfonds, vom 23. Mai 1873 (Reichs-Gesetzbl. S. 117),
   des §. 32 des Patentgesetzes vom 25. Mai 1877 (Reichs-Gesetzbl. S. 501),
   der §§. 87 Absatz 3, 91 Absatz 1 des Gesetzes, betreffend die Rechtsverhältnisse der Reichs-

beamten, vom 31. März 1873 (Reichs-Geſetzbl. S. 61) in Verbindung mit Artikel 1 des Geſetzes für Elſaß-Lothringen, betreffend die Rechtsverhältniſſe der Beamten und Lehrer, vom 23. Dezember 1873 (Geſetzbl. für Elſaß-Lothringen S. 479)

tritt an die Stelle des Reichs-Oberhandelsgerichts das Reichsgericht.

Ingleichen gehen die zufolge des Geſetzes vom 14. Juni 1871 (Reichs-Geſetzbl. S. 315) dem Reichs-Oberhandelsgericht über die richterlichen Beamten in Elſaß-Lothringen zuſtehenden Aufſichts- und Disziplinarbefugniſſe[1] auf das Reichsgericht über.

[1] Art. 82 senatuscons. 16. Thermidor X (Bullet. d. lois sér. III. nr. 1876), Art. 51, 52, 54, 59 Geſ. v. 20./4. 10 (Bull. d. lois sér. IV nr. 5351), Art. 4 Dekret v. 1./3. 52 (Bull. d. lois sér. X. nr. 3709), Art. IV Geſ. v. 23./12. 73 (Geſ.Bl. 480). — Zuſtändigkeit für den Fall einer Juſtizverweigerung (art. 185 code pénal): R.G. XXIV, 409.

2. Für den Anſatz der Gerichtskoſten und für die Vergütung der Thätigkeit der Rechtsanwälte in den von dem Reichsgerichte nach den bisherigen Prozeßgeſetzen zu erledigenden Sachen ſind die Vorſchriften maßgebend, nach welchen die Gebühren und Auslagen zu berechnen ſein würden, wenn die Sache an den oberſten Landesgerichtshof gelangt wäre. Die Gerichtskoſten fließen zur Reichskaſſe.

3. Dieſes Geſetz tritt gleichzeitig mit dem Gerichtsverfaſſungsgeſetz in Kraft.

b. Geſetz über die Konſulargerichtsbarkeit.

Vom 10. Juli 1879.*)

(R.G.B. von 1879, Nr. 26, S. 197—206.)
In Kraft getreten am 1. Oktober 1879. — § 48.
Vgl. § 24 B.Geſ. v. 8./11. 67 (B.G.B. 137).

Inſtruktion zur Ausführung des Geſetzes über die Konſulargerichtsbarkeit. Vom 10./11. 79 (Centr.Bl. 575).

Anwendbarkeit dieſes Geſetzes auf die deutſchen Schutzgebiete: R. Geſ. betr. die Rechtsverhältniſſe der deutſchen Schutzgebiete, in der Faſſung v. 19./3. 88 (R.G.B. 75). Für Neu-Guinea und die Salomons-Inſeln: Verord. v. 5./6. 86 (R.G.B. 187), v. 11./1. 87 (R.G.B. 4) u. v. 13./7. 88 (R.G.B. 221); für die Marſchall-, Brown- und Providence-Inſeln: Verord. v. 13./9. 86 (R.G.B. 291) u. v. 7./2. 90 (R.G.B. 551); für Südweſt-Afrika: Verord. v. 21./12. 87 (R.G.B. 535) u. v. 10./8. 90 (R.G.B. 171); für Kamerun und Togo: Verord. v. 2./7. 88 (R.G.B. 211); für Oſt-Afrika: Verord. v. 18./11. 87 (R.G.B. 527) u. 1./1. 91 (R.G.B. 1).

I. Allgemeine Beſtimmungen.

1. Die Konſulargerichtsbarkeit wird in den Ländern ausgeübt, in welchen ihre Ausübung durch Herkommen oder durch Staatsvertrag geſtattet iſt.

Der Konſulargerichtsbarkeit ſind die in den Konſulargerichtsbezirken wohnenden oder ſich aufhaltenden Reichsangehörigen und Schutzgenoſſen[1] unterworfen.[2]

[1] Ueberſicht der Konſuln mit Gerichtsbarkeit: Pr. J.M.Bl. 1888 S. 193.

[2] Vgl. Inſtruktion zum § 1.

*) Begr. = Begründung des Entwurfs eines Geſetzes über die Konſulargerichtsbarkeit. (Druckſachen des Deutſchen Reichstags. 4. Legislatur-Periode, II. Seſſion, 1879, Nr. 70.)

2. Die Konſulargerichtsbezirke werden von dem Reichskanzler nach Vernehmung des Ausſchuſſes des Bundesraths für Handel und Verkehr beſtimmt.

3. In Betreff des bürgerlichen Rechts iſt anzunehmen, daß in den Konſulargerichtsbezirken die Reichsgeſetze, das preußiſche Allgemeine Landrecht und die das bürgerliche Recht betreffenden allgemeinen Geſetze derjenigen preußiſchen Landestheile, in welchen das Allgemeine Landrecht Geſetzeskraft hat,[1] gelten.

In Handelsſachen kommt zunächſt das in dem Konſulargerichtsbezirke geltende Handelsgewohnheitsrecht zur Anwendung.[2]

[1] Im Sinne des § 16 Geſ. v. 29./6. 65 (B.G.B. von 1867 S. 147). Die Gebietstheile der Provinz Hannover, in denen das Allg. Landrecht ebenfalls Geltung hat, ſind nicht einbegriffen. Begr. 14.

[2] Doch können die bürgerlich-rechtlichen Vorſchriften der K.O. durch dasſelbe nicht außer Kraft geſetzt werden. R.G. XIV, 144.

4. In Betreff des Strafrechts iſt anzunehmen, daß in den Konſulargerichtsbezirken das Strafgeſetzbuch für das Deutſche Reich und die ſonſtigen Strafbeſtimmungen der Reichsgeſetze[1] gelten.

Die in den Konſulargerichtsbezirken geltenden Strafgeſetze der Landesregierungen bleiben außer Anwendung, inſofern nicht durch Staatsverträge oder Herkommen etwas Anderes beſtimmt iſt.

Der Konſul iſt befugt, für ſeinen Gerichtsbezirk oder einen Theil desſelben polizeiliche Vorſchriften mit verbindlicher Kraft für die ſeiner Gerichtsbarkeit unterworfenen Perſonen zu erlaſſen und die Nichtbefolgung derſelben mit Geldſtrafen bis zum Betrage von einhundertfünfzig Mark zu bedrohen.[1] Dieſe Vorſchriften ſind ſofort in Abſchrift dem Reichskanzler[2] mitzutheilen.

Der Reichskanzler iſt befugt, die von dem Konſul erlaſſenen polizeilichen Vorſchriften aufzuheben.

Die Verkündung der polizeilichen Vorſchriften, ſowie die Verkündung der Aufhebung derſelben erfolgt in der für konſulariſche Bekanntmachungen ortsüblichen Weiſe,[3] jedenfalls durch Anheftung an die Gerichtstafel.

[1] Nicht auch die Preußiſchen Landesſtrafgeſetze.

[2] Und dem im Lande beglaubigten Kaiſerlichen Geſandten, Inſtruktion zum § 4.

[3] Durch Einrückung in eine am Sitz des Konſulats erſcheinende Zeitung. Inſtr. zum § 4.

5. Die Konſulargerichtsbarkeit wird durch den Konſul (§. 2 des Geſetzes, betreffend die Organiſation der Bundeskonſulate,[1] vom 8. November 1867 — Bundes-Geſetzbl. S. 137 —) und durch das Konſulargericht ausgeübt.

Der Konſul iſt zur Ausübung der Gerichtsbarkeit befugt, wenn er dazu von dem Reichskanzler ermächtigt iſt.[2]

Der Reichskanzler kann neben dem Konſul, ſowie an Stelle desſelben einem anderen Beamten die Befugniſſe des Konſuls bei Ausübung der Gerichtsbarkeit übertragen.[3]

[1] Die dort gebrauchte Bezeichnung „Vorſteher" umfaßt auch den nach Maßgabe der geſetzlichen Vorſchriften ernannten Stellvertreter. Begr. 16.

[2] Geſchieht durch Zuweiſung des Gerichtsbezirks. Inſtr. zum § 5.

[3] Vgl. insbeſondere auch wegen der Uebertragung der Erledigung einzelner richterlicher Geſchäfte Abſ. 2—4 Inſtr. zum § 5.

6. Das Konſulargericht beſteht aus dem Konſul als Vorſitzenden und zwei Beiſitzern, inſoweit dieſes Geſetz nicht die Zuziehung von vier Beiſitzern vorſchreibt.

Den Beiſitzern ſteht ein unbeſchränktes Stimmrecht zu.

7. Der Konſul ernennt für die Dauer eines jeden Jahres aus den achtbaren Gerichtseingeſeſſenen oder in Ermangelung ſolcher aus ſonſtigen achtbaren Einwohnern ſeines Bezirks vier Beiſitzer und mindeſtens zwei Stellvertreter.[1]

[1] Dem Reichskanzler anzuzeigen. Vgl. Inſtr. zu §§ 7—9.

8. Die Beeidigung der Beiſitzer erfolgt bei ihrer erſten Dienſtleiſtung in öffentlicher Sitzung. Sie gilt für die Dauer des Geſchäftsjahres. Der Vorſitzende richtet an die zu Beeidigenden die Worte: „Sie ſchwören bei Gott dem Allmächtigen und Allwiſſenden, die Pflichten eines Beiſitzers des deutſchen Konſulargerichts getreulich zu erfüllen und Ihre Stimme nach beſtem Wiſſen und Gewiſſen abzugeben."

Die Beiſitzer leiſten den Eid, indem Jeder einzeln, unter Erhebung der rechten Hand, die Worte ſpricht: „Ich ſchwöre es, ſo wahr mir Gott helfe." Iſt ein Beiſitzer Mitglied einer Religionsgeſellſchaft, welcher das Geſetz den Gebrauch gewiſſer Betheuerungsformeln an Stelle des Eides geſtattet, ſo wird die Abgabe einer Erklärung unter der Betheuerungsformel dieſer Religionsgeſellſchaft der Eidesleiſtung gleich geachtet. Ueber die Beeidigung wird ein Protokoll aufgenommen.

9. Ist die Zuziehung von vier Beisitzern in den Fällen, in welchen sie durch dieses Gesetz vorgeschrieben ist, nicht ausführbar, so genügt die Zuziehung von zwei Beisitzern.

Ist in bürgerlichen Rechtsstreitigkeiten die Zuziehung von zwei Beisitzern nicht ausführbar, so tritt an die Stelle des Konsulargerichts der Konsul.[1]

Die Gründe, aus welchen die Zuziehung von Beisitzern nicht ausführbar war, müssen in dem Sitzungsprotokoll bemerkt werden.

[1] Ist der Konsul rechtlich oder thatsächlich verhindert, oder ist in Strafsachen, welche vor das Konsulargericht gehören, die Zuziehung von zwei Beisitzern nicht möglich, so ist nach §§ 14, 21 dieses Ges. und § 36 C.P.O., § 15 St.P.O. die Sache einem anderen Konsul bezw. Konsulargericht durch das Reichsgericht zu übertragen. Begr. 17.

10. Der Konsul hat die Personen zu bestimmen, welche die Verrichtungen der Gerichtsschreiber und der Gerichtsvollzieher (Zustellungs- und Vollstreckungsbeamten) auszuüben haben. Sofern diese Personen nicht bereits den Diensteid als Konsulatsbeamte abgelegt haben, sind sie vor ihrem Amtsantritte auf die Erfüllung der Obliegenheiten des ihnen übertragenen Amtes eidlich zu verpflichten.[1]

Das Verzeichniß der Gerichtsvollzieher ist in der für konsularische Bekanntmachungen ortsüblichen Weise,[2] jedenfalls durch Anheftung an die Gerichtstafel bekannt zu machen.

[1] Dienstverhältnisse der Gerichtsschreiber und Gerichtsvollzieher: Instr. zum § 10.

[2] Anm. 3 zum § 4.

11. Der Konſul hat die Perſonen, welche zur Ausübung der Rechtsanwaltſchaft zuzulaſſen ſind, zu beſtimmen. Die Zulaſſung iſt widerruflich.[1]

Gegen die Verfügung des Konſuls, durch welche der Antrag einer Perſon auf Zulaſſung zur Ausübung der Rechtsanwaltſchaft abgelehnt oder die Zulaſſung zurückgenommen wird, findet Beſchwerde an den Reichskanzler ſtatt.

Das Verzeichniß der zur Ausübung der Rechtsanwaltſchaft zugelaſſenen Perſonen iſt in der für konſulariſche Bekanntmachungen ortsüblichen Weiſe,[2] jedenfalls durch Anheftung an die Gerichtstafel bekannt zu machen.

[1] Vgl. Inſtr. zum § 11. [2] Anm. 3 zum § 4.

12. Soweit dieſes Geſetz nicht abweichende Vorſchriften enthält,[1] iſt für die durch das Gerichtsverfaſſungsgeſetz und die Konkursordnung den Amtsgerichten zugewieſenen Sachen[2] der Konſul, für die den Schöffengerichten,[3] ſowie für die den Landgerichten in erſter Inſtanz zugewieſenen Sachen[4] das Konſulargericht zuſtändig.[5]

In den zu der ſtreitigen Gerichtsbarkeit nicht gehörenden Angelegenheiten, welche in den im §. 3 Abſatz 1 bezeichneten preußiſchen Landestheilen in erſter Inſtanz zur Zuſtändigkeit der Amtsgerichte oder der Landgerichte gehören,[6] iſt der Konſul zuſtändig.

[1] Insbeſondere alſo nach § 1, ſoweit nicht durch Herkommen oder Staatsvertrag die Konſulargerichtsbarkeit Einſchränkungen unterworfen iſt. Begr. 18. Dies iſt namentlich der Fall in Egypten. R.Geſ. v. 30./3 74 (R.G.B. 23); Verord. v. 23./12. 75 (R.G.B. 381);

R.Geſ. v. 5./6. 80 (R.G.B. 145); Verord. v. 23./12. 80 (R.G.B. 192). Ferner in Bosnien und der Herzegowina: R.Geſ. v. 7./6. 80 (R.G.B. 146); Verord. v. 23./12. 80 (R.G.B. 191). In Tunis: R.Geſ. v. 27./7. 83 (R.G.B. 263); Verord. v. 21./1. 84 (R.G.B. 9). — Wegen der Konſulargerichtsbarkeit in Samoa vgl. R.Geſ. v. 6./7. 90 (R.G.B. 139) u. Verord. v. 29./10. 90 (R.G.B. 189).

[2] §§ 23, 26, 30, 52—57, 158 G.V.G. § 64 K.O.

[3] §§ 27—29 G.V.G. [4] §§ 70—74 G.V.G.

[5] Für Sachen, die zur Zuſtändigkeit des Schwurgerichts oder des Reichsgerichts gehören (§§ 80, 136 Nr. 1 G.V.G.), ſind Konſul und Konſulargericht nicht zuſtändig. Verfahren: § 31.

[6] §§ 25, 26, 40, 41 Preuß. Geſ. v. 24./4. 78 (Geſ.Samml. 230).

13. Die Vorſchriften der Titel 13 bis 16 des Gerichtsverfaſſungsgeſetzes finden auf die Ausübung der ſtreitigen Gerichtsbarkeit mit der Maßgabe entſprechende Anwendung, daß die im §. 183 vorgeſehene Friſt zwei Wochen beträgt.[1]

[1] An die Stelle des Oberlandesgerichts (§§ 160, 183 G.V.G.) tritt das Reichsgericht. Vgl. §§ 18, 36. Begr. 20.

II. Verfahren in bürgerlichen Rechtsſtreitigkeiten und in Konkursſachen.

14, 15. Betreffen nur das Verfahren.

16. In den vor das Konſulargericht gehörenden Sachen nehmen die Beiſitzer nur an der mündlichen Verhandlung ſowie an den im Laufe oder auf Grund derſelben ergehenden Entſcheidungen Theil.

17. Die Verrichtungen der Staatsanwaltſchaft werden in Eheſachen im Falle des §. 585, ſowie in Entmündigungsſachen in den Fällen der §§. 607, 620 Abſatz 4, 624 Abſatz 3, 626 Abſatz 3 der Civilprozeßordnung vom Konſul einer der zur Ausübung der Rechtsanwaltſchaft zugelassenen Personen oder in Ermangelung solcher einem anderen achtbaren Gerichtseingesessenen übertragen.

Im Uebrigen findet eine Mitwirkung der Staatsanwaltschaft nicht statt.

18. In den zur Zuständigkeit des Konsuls gehörenden bürgerlichen Rechtsstreitigkeiten (§. 12 Absatz 1) finden, sofern der Werth des Streitgegenstandes die Summe von dreihundert Mark nicht übersteigt,[1] Rechtsmittel nicht statt.

Im Uebrigen ist in den vor dem Konsul oder dem Konsulargerichte verhandelten bürgerlichen Rechtsstreitigkeiten sowie in Konkurssachen zur Verhandlung und Entscheidung über die Rechtsmittel der Beschwerde[2] und der Berufung[3] das Reichsgericht zuständig.[4]

Gegen die Entscheidungen des Reichsgerichts findet ein weiteres Rechtsmittel nicht statt.

[1] Bei höherem Streitgegenstand ist die Berufung auch wegen eines Betrages von 300 Mark oder weniger zulässig. R.G. XIII, 410.

[2] §§ 530 ff. C.P.O. § 66 K.O. [3] § 472 C.P.O.

[4] Einsendung der Akten durch Vermittelung des Reichskanzlers. Instr. zum § 18.

19, 20. Betreffen nur das Verfahren.

III. Verfahren in Strafsachen.

21. Betrifft nur das Verfahren.

22. Der Konsul übt die Verrichtungen des Amtsrichters und des Vorsitzenden der Strafkammer aus.

23. Auf die Zuziehung der Beisitzer findet die Vorschrift des §. 30 des Gerichtsverfassungsgesetzes entsprechende Anwendung.

24. Eine Mitwirkung der Staatsanwaltschaft findet nicht statt.

Absatz 2 betrifft nur das Verfahren.

25 bis 27. Betreffen nur das Verfahren.

28. In der Hauptverhandlung sind vier Beisitzer zuzuziehen, wenn der Beschluß über die Eröffnung des Hauptverfahrens ein Verbrechen oder ein Vergehen zum Gegenstande hat, welches weder zur Zuständigkeit der Schöffengerichte, noch zu den in den §§. 74, 75 des Gerichtsverfassungsgesetzes bezeichneten Handlungen gehört.

29 bis 32. Betreffen nur das Verfahren.

33. Gegen die in Strafsachen wegen Uebertretungen erlassenen Entscheidungen sind Rechtsmittel nicht zulässig.

34. In anderen Strafsachen findet gegen die Urtheile des Konsulargerichts das Rechtsmittel der Berufung statt.

35. Ueber Beschwerden gegen Entscheidungen des Konsuls entscheidet das Konsulargericht. Die Bestimmung des §. 23 Absatz 1 der Strafprozeßordnung findet hierbei keine Anwendung.

In den Fällen des §. 353 der Strafprozeßordnung ist der Konsul zur Abänderung seiner durch Beschwerde angefochtenen Entscheidung befugt.

36. Zur Verhandlung und Entscheidung über das Rechtsmittel der Beschwerde gegen die Entscheidungen des Konsulargerichts sowie über das Rechtsmittel der Berufung ist das Reichsgericht zuständig.[1]

Gegen die Entſcheidungen des Reichsgerichts findet ein weiteres Rechtsmittel nicht ſtatt.

[1] Vgl. Anm. 4 zu § 18.

37 bis 41. Betreffen nur das Verfahren.

42. In Straſſachen, in welchen der Konſul oder das Konſulargericht in erſter Inſtanz erkannt hat, ſteht das Begnadigungsrecht dem Kaiſer zu.

IV. Verfahren in den Angelegenheiten, welche zu der ſtreitigen Gerichtsbarkeit nicht gehören.

43. In den durch §. 12 Abſatz 2 der Zuſtändigkeit des Konſuls zugewieſenen Angelegenheiten beſtimmt ſich das Verfahren nach den für die im §. 3 Abſatz 1 bezeichneten preußiſchen Landestheile geltenden Vorſchriften, inſoweit dieſe Vorſchriften nicht Einrichtungen und Verhältniſſe vorausſetzen, welche in den Konſulargerichtsbezirken fehlen.

Für die Verhandlung und Entſcheidung über die nach Maßgabe der bezeichneten Vorſchriften gegen die Entſcheidungen des Konſuls zuläſſigen Rechtsmittel iſt das Reichsgericht zuſtändig.[1]

[1] Weitere Beſchwerde (§ 40 Abſ. 2 Preuß. Geſ. v. 24./4 78, Geſ.Samml. 230) findet nicht ſtatt Begr. 31.

V. Schlußbeſtimmungen.

44 bis 46. Betreffen nur das Verfahren.

47. Neue Geſetze erlangen, ſoweit nicht reichsgeſetzlich etwas Anderes beſtimmt wird, in den Konſulargerichtsbezirken nach Ablauf von vier Monaten, von dem Tage gerechnet, an welchem das betreffende Stück des Reichs-Geſetzblatts oder der preußiſchenGeſetz ſammlung in Berlin ausgegeben worden iſt, verbindliche Kraft.

48. Dieſes Geſetz tritt für alle Konſulargerichtsbezirke gleichzeitig mit dem Gerichtsverfaſſungsgeſetz in Kraft. Mit demſelben Zeitpunkte werden die Beſtimmungen der §§. 22 bis 24 des Konſulargeſetzes vom 8. November 1867 (Bundes-Geſetzbl. S. 137) und die Zuſatzbeſtimmung des §. 3 des Geſetzes vom 22. April 1871 (Bundes-Geſetzbl. S. 87) aufgehoben.

49. Die Militärgerichtsbarkeit wird durch dieſes Geſetz nicht berührt.

50. Enthält nur Uebergangsbeſtimmungen für die anhängigen Sachen.

51. Der Reichskanzler hat die zur Ausführung des Geſetzes erforderlichen Anordnungen zu erlaſſen.

Sachregister.

Die römischen Zahlen bezeichnen die Gesetze nach Maßgabe der Reihenfolge.

Die einzelnen Nebengesetze zum Gerichtsverfassungsgesetz sind durch Hinzufügung des lateinischen Buchstabens, unter welchem sie abgedruckt sind, allegirt. So bedeutet z. B. III a. das Gesetz betr. den Uebergang von Geschäften auf das Reichsgericht.

Die arabischen Zahlen bezeichnen die Paragraphen.

A.

B.

C.

D.

E.

F.

G.

H.

J.

K.

L.

M.

N.

O.

P.

R.

S.

T.

U.

V.

W.

Z.

Pierer'sche Hofbuchdruckerei. Stephan Geibel & Co. in Altenburg.

15. **Gerichtskostengesetz und Gebührenordnungen für Gerichtsvollzieher, für Zeugen und Sachverständige. Mit Kostentabellen.** Von R. Sydow. Vierte Auflage. 80 Pf.
16. **Rechtsanwaltsordnung für das Deutsche Reich.** Von R. Sydow. Zweite Auflage. 50 Pf.
17. **Gebührenordnung für Rechtsanwälte.** Von R. Sydow. Dritte Auflage. 60 Pf.
18. **Gesetz, betreffend die Reichsstempelabgaben** in der Fassung des Gesetzes vom 29. Mai 1885 (Börsensteuergesetz). Von B. Gaupp. 3./4. Auflage ergänzt bis 1890. 2 Mark.
19. **Die Seegesetzgebung des Deutschen Reiches.** Von Dr. jur. W. E. Knitschky. 3 Mark
20. **Gesetze, betr. die Krankenversicherung der Arbeiter.** Von E. v. Woedtke. Vierte Aufl. in Vorbereitung. ca. 1 M. 25 Pf.
21. **Die Konsulargesetzgebung des Deutschen Reiches.** Von Dr. Ph. Zorn. 4 Mark.
22. **Patentgesetz. Gesetz über Muster- und Modellschutz. Gesetz über Markenschutz.** Von Berger. 2. Auflage. 1 Mark.
23. **Unfallversicherungsgesetz** und **Gesetz über die Ausdehnung der Unfall- und Krankenversicherung.** Von E. v. Woedtke. Vierte Auflage. 2 Mark.
24. **Reichsgesetz, betreffend die Kommanditgesellschaften auf Aktien und die Aktiengesellschaften.** Von H. Keyßner und Dr. H. V. Simon. Dritte Auflage. 1 Mark.
25. **Gesetz wegen Erhebung der Brausteuer** vom 31. Mai 1872. Von E. Bertho. 1 Mark 60 Pf.
26. **Die Reichsgesetzgebung über Münz- u. Bankwesen, Papiergeld, Prämienpapiere und Reichsanleihen.** Von Dr. R. Koch. Zweite Auflage. 2 Mark 40 Pf.
27. **Die Gesetzgebung betr. d. Gesundheitswesen i. D. Reich.** Von Dr. jur. C. Goesch u. Dr. med. J. Karsten. 1 M. 60 Pf.
28. **Gesetz, betreffend die Unfallversicherung der bei Bauten beschäftigten Personen.** Von Leo Mugdan. 1 Mark 25 Pf.
29. **Gesetz, betr. die Erwerbs- u. Wirthschaftsgenossenschaften.** Von L. Parisius. 4. Auflage. 1 Mark 25 Pf.
30. **Gesetz, betr. die Invaliditäts- und Altersversicherung der Arbeiter.** Von E. v. Woedtke. 3. Auflage. 2 Mark.
31. **Gesetz, betreffend die Errichtung von Gewerbegerichten und Einigungsämtern.** Von L. Mugdan. 2. Ausg. 1 M. 25 Pf.

Reichs-Justizgesetze. Text-Ausgabe ohne Anmerkungen. Gebunden in roth Leinen. 3 Mark 50 Pf.

FSC
www.fsc.org
MIX
Papier | Fördert gute Waldnutzung
FSC® C083411

Kolibri 360 GmbH
Ferdinand-Jühlke-Straße 7
99095 Erfurt, Deutschland
produktsicherheit@kolibri360.de